中学受験国語

記述問題の徹底攻略
基礎演習編

若杉朋哉　著

はじめに

本書『中学受験国語　記述問題の徹底攻略　基礎演習編』（以下、「本書」と表記）は、前著『中学受験国語　記述問題の徹底攻略』（以下、「前著」と表記）の続編です。

中学受験をするお子さんの中には、国語の記述問題で、

「何を書いたらいいのか、わからない」

「どうやって書いたらいいのか、わからない」

というお子さんがとても多くいます。これらを解決するために、私は前著を書きました。

そして前著のまえがきで、私はこんなことを書きました。

……参考書は得てして、教える側からの一方的な説明に終始してしまいがちです。そして教える側からすれば明快に、論理的に説明しているつもりでも、それが生徒にとってわかりやすいかというと、必ずしもそうではないのです。生徒にとって何より必要なのは、正解までのプロセスにおいて、「なるほど、これなら書けるぞ！」という納得感ではないでしょうか。そしてそれは、「何を書いたらいいのか」「どう書いたらいいのか」がわかると同時に、それを書くために「どう頭を働かせればよいか」が納得できるということなのだと思うのです。

（前著より抜粋）

前著が、「若杉先生とトモヤ君との対話形式の模擬授業」という形式をとったのは、何より、記述問題で「どう頭を働かせればよいか」を理解して欲しいという思いからでした。そうした理由から前著は、記述問題の書き方の「理解」を助ける参考書的な色合いが強かったわけです。

一方、本書『中学受験国語　記述問題の徹底攻略　基礎演習編』のねらいは、前著で学んだ書き方を使い、パターンごとの記述問題を数多く練習することによって実践的な力をつけることです。いわば前著が「理解」であれば、本書は「実践」に重きを置いた内容となっています。とはいえ、前著をお読みでない方にも、本書だけで記述問題の書き方を理解していただけるよう、本書の前半では、記述問題の書き方について詳しく述べています。また、解説では、「教える側の一方的な説明」にならないように、記述問題の書き方の手順を一つ一つ確認しながら、「どう頭を働かせればよいか」がわかるように書いたつもりです。その意味で本書は、「理解」から「実践」までをカバーできる内容になっていると思います。

また、本書は「基礎演習編」とある通り、難解な問題は避けつつ、難関中学の記述問題にも対応できる土台としての記述力を養うことが目的ですが、本書の内容をしっかり身につければ、中学受験入試のほとんどの問題を解くことができるようになります。いわゆる「難関中学」の記述問題にしても、合格点を取れるだけの得点力を養うのに十分な内容です。本書は、実際の入試問題を解く前段階の演習問題集としてお使いいただくのがよろしいかと思います。

本書『中学受験国語　記述問題の徹底攻略　基礎演習編』が、記述問題に悩む皆様のお役に立つことができれば幸いです。

二〇二〇年　初夏

若杉朋哉

本書の効果的な使い方

中学受験国語の記述問題で正確な解答を書くためには、ただやみくもに記述問題を解けばよいというわけではありません。記述問題の練習は当然必要ですが、それは書き方を正しく理解した上でのことです。適切でないやり方でいくら練習しても高い効果は望めません。

ですからまず、本書の〈第一章　記述問題の準備編〉と〈第二章　記述問題・パターン別の書き方〉を熟読してください。そしてその中に出てくる〈解答のルール〉と〈傍線部のルール〉、さらには「四つのパターン別の記述問題の書き方」を理解してください。ここまでを十分に身につけることが大切です。あやふやな場合は先に進まず、再読して復習することをお勧めします（第一章と第二章の内容は前著と基本的には同内容ですが、前著を読んでいない方のために、また本書だけでも記述問題の書き方の理解と練習が行えるように、との思いから記載しました）。

次に〈第三章　練習問題編〉ですが、ここには実際の中学入試問題を記述パターン別に分類した23題と、さまざまな記述パターンを含んだ2題の総合問題、計25題の【練習問題】を用意しました。〈第四章　解説・解答編〉の【解説】や【解答】を読む前に、実際に【練習問題】をノートなどに解き、それをもとに【解説】【解答】を読んでください。

第三章で特に意識してほしいことは、次の三点です。

（1）四つの記述パターンを自分で判断できるか
（2）四つの記述パターンのそれぞれの書き方の手順に従って書けているか
（3）〈解答のルール〉と〈傍線部のルール〉を使えているか

これらがあやふやな場合には、第四章の解説を再度読み、（1）～（3）の習得に努めましょう。

そして本書を一通り終えた後には、本書で学んだことを普段の学習の中で実際に使ってみてください。本書を読んで「わかる」ことと、実際の問題で「できる」ことは全く違います。実際の問題の中で「できる」ようになってこそ、本書を読んだ意味があるのです。

目次

第三章　練習問題編

第四章　解説・解答編

第一章

記述問題の準備編

1 本文主義（答えの手がかりは本文にあり）

国語の読解問題で一番大切なことは何でしょう。

私は、**答えの手がかりは本文にある**ということだと思います。

国語の読解問題には、「記号選択問題」や「抜き出し問題」、「記述問題」など、さまざまな問題形式がありますが、実は、問われていることはたった一つなのです。それは、

「本文にどう書いてあるか読み取れますか」

ということです。つまり、国語の読解問題というのは、

「本文中に答え（の手がかり）がありますよ。それを読み取ってくださいね」という、問題作成者からの問いかけなのです。ですから、**自分（解答者）が本文を読んでどう思ったかという、自分の考えや感想を解答に交えてはいけないのですね。自分勝手な思い込みは間違いのもと**になります。あくまで、「本文にどう書いてあるか」をもとに解答を作らなければなりません。このことは本当に大切なことですから、いつも心に留めておいてください。そしてこのこと、つまり、**「本文にどう書いてあるか」をもとに読み解いていくこと**を、私は**「本文主義」**と呼んでいます。国語の読解問題では、「本文にどう書いてあるか」が正答の唯一の基準です。本文に書いてあれば正しい、書いてなければ正しくない。これはもちろん、記述問題を解く際にも重要なポイントです。

2 短く分けて考える

次の例題を見てください。

【例題1】算数のテストで0点を取ってしまった。のび太は思った。どうしよう。絶対、ママに怒られる！

【問】傍線部「絶対、ママに怒られる！」とありますが、のび太はなぜそう思ったのですか。


これは簡単ですね。答えは、〈算数のテストで0点を取ってしまったから。〉でよいでしょう。

ですが、次の例題を見てください。


【例題2】算数のテストで0点を取ってしまった。のび太は思った。どうしよう。ママは朝から機嫌が悪かったのだ。

しかも、二回連続で0点だったなんて知られたら……。

と、そんなことを考えているときだった。階段を上がってくる足音がしたかと思うと、

「のびちゃん。算数のテストどうだったの？」

というママの声が聞こえてきたのだ。

やばい、やばい、やばい、やばい、やばい、やばい！　絶対、ママに怒られる！

【問】 傍線部「絶対、ママに怒られる！」とありますが、のび太はなぜそう思ったのですか。45字以内で書きなさい。

どうですか？　さきほどよりは少しだけ難しく感じませんか？　問われていることは同じなのに。

では、なぜ【例題1】よりも【例題2】のほうが難しく感じるのでしょう。

その理由は二つあるように思います。一つ目は、【例題1】よりも【例題2】のほうが、文章が長くなったからでしょう。

そして二つ目には、答えるべき字数が長くなったこともあると思います。つまり、ともに「長くなった」から難しく感じられるのですね。


このように、国語の記述問題を難しく感じさせる大きな原因の一つに、「長さ」があります。

本文が長かったり、答えるべき字数が長かったり……とにかく、「長い」と難しく感じてしまうのです。

「長い」だけでなんとなく難しく感じ、手が出なくなってしまう……。

あなたにも、そんな経験はありませんか？

そんなときこそ、発想の転換をしてみましょう。

「長い」から難しく感じるのであれば、「短く」すればいいのです。それが、

短く分けて考える

という発想です。

どういうことかといえば、【例題2】では、「絶対、ママに怒られる！」とのび太が思った理由を、**一気に45字で書こうと思うから難しく感じる**のだと思います。であれば、その理由を、まずは本文中から短く見つけ出してみてはどうでしょうか？

こんな感じです。

・算数のテストで0点を取ってしまった（17字）
・ママは朝から機嫌が悪かった（13字）
・しかも、二回連続で0点だったなんて知られたら（22字）

どうですか？　これくらいなら難しく感じませんね。

あとはこれらを適切につなぎ合わせれば解答が完成します。たとえば次のような解答はどうでしょう。

〈算数のテストで、二回連続で0点を取ってしまった上に、ママは朝から機嫌が悪かったから。〉（42字）

そう難しくありませんね。

こんなふうに、記述問題では、「短く分けて考える」ことが有効な場合が多くあります。今回のように45字程度の解答なら短く分けて考えなくとも書ける人はいると思いますが、60字や80字、あるいは100字を超えるような記述解答を正確に書くには、やはり身につけておきたい技術です。

短く分けて考える

↓

それらをつなぎ合わせる

というやり方は、記述問題を解くときに、ぜひいつも意識してみてください。

3 解答のルール

記述問題の解答は何より、採点者に伝わる文章でなければなりません。記号選択問題であれば、「ア」とか「イ」とか、正しい記号を解答欄に書けば正解がもらえますが、記述問題ではそういうわけにはいかないからです。文章として、正しい解答を、採点者に伝わるように書けなければ正解にならないわけです。いくら自分がわかっているつもりでも、採点者にそれを文章として伝えなければだめなのです。

ですから、記述問題の解答において最も大切なことは何かと言えば、それは、

わかりやすい解答を書く

ということになるわけです。

もっと言えば、「わかりやすい解答を書く」とは、

本文を読んだことがない人にも意味の通じる解答を書く

ということですね。

「わかりやすい解答を書くことが大切だなんて当たり前じゃないか」と思うかもしれませんが、これが案外難しいのです。現に、多くの中学受験生を指導して思うのは、いかにわかりにくい解答が多いかということです。

では、どんなところに注意すれば「わかりやすい解答」が書けるのでしょう？　特に心がけたいポイントを〈解答のルール〉とし三つ挙げておきます。

〈 解答のルール❶　主語・述語・目的語のわかりやすい文にする 〉

【例題1】ドラえもんの夢は、思い切りどら焼きを食べたい。

【解説】極端な例ですが、こうした主語と述語のねじれた文は案外見かけます。ここでは、主語の「夢は」と述語の「食べたい」が正しく一致していないのがねじれの原因ですね。主語と述語を正しく対応させましょう。

【修正例】（1）ドラえもんの**夢は**、思い切りどら焼きを**食べることだ**。

（2）**ドラえもんは**、思い切りどら焼きを**食べたい**。

【例題2】のび太は、ドラえもんの耳がねずみが昔かじったことでなくなったのだと初めて知った。

【解説】主語が複数あり、述語が入り乱れているためにわかりづらくなっています。「のび太は～知った」「ドラえもんの耳が～なくなった」という主語・述語が離れており、その間に「ねずみが～かじった」という主語・述語が入り込んでしまっているのです。これらを解消するためには、「のび太は～知った」「ドラえもんの耳が～なくなった」「ねずみが～かじった」という主語・述語関係を近づけるのがよいでしょう。

【修正例】ドラえもんの耳がなくなったのは、ねずみが昔かじったからだということを、のび太は初めて知った。

【例題3】のび太はハワイに行くためにドラえもんにどこでもドアを出してと言ったが、出さなかったので行けなかった。

【解説】これは特に文章の後半がわかりにくいですね。「出さなかった」というのは、誰が、何を出さなかったのでしょうか？　また、「行けなかった」のは、誰が、どこに行けなかったのでしょうか？　こうした「〇〇が（主語）」や「〇〇を（目的語）」に当たる言葉を適切に補うことで、文章がわかりやすくなります。

【修正例】のび太はドラえもんに、ハワイに行くためにどこでもドアを出してと言ったが、**ドラえもんがどこでもドアを出してくれなかったので、のび太はハワイに**行けなかった。

……………………………………………………

〈解答のルール❷　指示語・比喩・わかりにくい表現は言いかえる〉

【例題4】タイムマシンがあれば、過去にさかのぼって人生をやり直せると考える人がいるかもしれない。しかし、たとえそれが可能だとしても、私はそんなふうに何度でもやり直せる人生を決して幸せだとは思わない。

【問】傍線部「幸せだとは思わない」とありますが、どういう人生を「幸せだとは思わない」と述べていますか。

【解説】「幸せだとは思わない」ような人生とは、直前の「そんなふうに何度でもやり直せる人生」のことを指していることはすぐにわかると思います。では、これをそのまま用いて、次のような解答としたらどうでしょう。

〈**そんなふうに**何度でもやり直せる人生。〉

この解答は、指示語「そんなふうに」がどんなことを指しているのかわかりませんね。ですからこの解答のままでは「わかりやすい解答」とは言えないわけです。こういう場合、解答に含まれる、**そのままでは伝わりにくい指示語を言いかえなければなりません。**

では、指示語「そんなふうに」はどんなことを指しているのでしょう。その前の部分を見ると、「タイムマシンがあれば、過去にさかのぼって」の部分を指していることがわかります。したがって、この部分をもとに、指示語「そんなふうに」を言いかえると、次のような解答が得られます。

〈**タイムマシンで過去にさかのぼり**、何度でもやり直せる人生。〉

このように、解答の中の指示語は、原則として、それが指している内容に言いかえて解答を作ります。

【解答例】 タイムマシンで過去にさかのぼり、何度でもやり直せる人生。

【例題5】ある日、のび太がいつもの空き地に行くと、読みたかったマンガの最新刊をスネ夫が読んでいた。読み終わったら貸して欲しいとのび太は何度も頼んだが、「いやだね。読みたかったら自分で買えばいいじゃないか」とスネ夫に鼻であしらわれてしまった。のび太は悔しさをこらえながら家に帰るしかなかった。

【問】傍線部「のび太は悔しさをこらえながら」とありますが、なぜのび太は「悔しさ」を感じたのですか。40字前後で説明しなさい。

【解説】本文に「読み終わったら貸して欲しいとのび太は何度も頼んだ」「スネ夫に鼻であしらわれてしまった」とありますから、これらをもとに、次のような解答を作ったらどうでしょう？

〈マンガを貸して欲しいと何度も頼んだにもかかわらず、スネ夫に**鼻であしらわれた**から。〉（40字）

ここで注意して欲しいことは、太字部分。「鼻であしらう」というのは比喩表現（慣用句）です。記述問題の解答は「わかりやすい解答」ということが第一です。ですから、**比喩は一般的なわかりやすい言葉に言いかえて答えなければなりません。**「鼻であしらう」とは、「冷たく扱う」という意味ですね。よって、「鼻であしらう」を言いかえた、次のような解答が望ましいです。

【解答例】 マンガを貸して欲しいと何度も頼んだにもかかわらず、スネ夫に**冷たく扱われた**から。（39字）

〈 解答のルール❸　文末表現に注意する 〉

問われたことに対して適切に答えるということは、記述問題に限らず、どの問題でも大切なことです。記述問題では特に、問われたことに対する正しい文末表現に気をつけましょう。こう問われたらこう答える、という文末表現は、あらかじめ覚えておいたほうが楽です。

代表的な設問のパターン	解答の文末表現
~とはどういうことか？	~こと。
~は何を表しているか？	~こと。~もの。（または体言止め）
~はなぜか？	~から。
~の理由を説明しなさい。	
~の気持ちを答えなさい。	~気持ち。（または感情を表す言葉）

4 傍線部のルール

国語の読解問題の大部分は、傍線部（――線部）について問われるものです。ですから、正しく解答するためには、まずは傍線部を正確に読み取れなければなりません。それは記述問題でも同じです。したがって、記述問題の解答を作る際にまず大切なことは、

傍線部がどのようなことを表しているのかを正確に理解すること

です。そして傍線部にこそ、実は答えのヒントが多く隠されています。記述問題を解くということも、傍線部を正しく理解することから始まります。では、どうすれば傍線部を正しく理解できるのでしょう？　ここでは〈傍線部のルール〉として四つ見ていきます。

……………………………………………………

〈傍線部のルール❶　傍線部はいくつかの部分に分けて考える〉

傍線部が長い場合には、傍線部自体が何を言っているのかがよくわからないことがありますね。そんなときには、傍線部をいくつかの部分に分けて考えてみるとその意味をつかみやすくなります。このルールは、傍線部を言いかえる記述問題（↓p.35参照）を解く際に必ずマスターしなければならない考え方でもあります。例題を見てみましょう。

【例題1】
のび太は孤立無援の中、孤軍奮闘したが、ついに敵の軍門に下った。

【問】傍線部はどういうことか。分けて考えなさい。

【解説】
傍線部がある程度長い場合には、分ける部分にスラッシュ（／）を入れ、傍線部をいくつかの部分に分けて考えることでその意味をとらえやすくなります。ただし、傍線部をいくつかの部分に分けるとき、助詞などをどちらに入れるべきかといった細かいことは、あまり気にしなくても構いません。また、あまり細かく分けすぎるとかえってわかりづらくなることもあります。傍線部を分けるのは、あくまで傍線部を理解するための一つの方法ですから、ざっくりと、自分が理解しやすい程度に分けるという感覚でやればよいです。たとえば、次の解答くらいに分けて考えてみましょう。

解答　（1）のび太は／（2）孤立無援の中、／（3）孤軍奮闘したが、／（4）ついに敵の軍門に下った。

そしてこのように分けた後、わかりづらい言葉が含まれている部分については、それぞれ次のように考えることで傍線部がどんなことを言っているのかを理解していきます。
↓（2）「孤立無援」とはどんなことか？
↓（3）「孤軍奮闘」とはどんなことか？

↓（4）「軍門に下る」とはどういうことか？

ちなみに、

（2）「孤立無援」＝一人きりで、まったく助けが得られないこと。

（3）「孤軍奮闘」＝一人で懸命に戦うこと。

（4）「軍門に下る」＝戦いに敗れ、降参すること。

という意味ですから、傍線部をわかりやすい言葉で言いかえると、

のび太は、／一人きりで、まったく助けが得られない中、／一人で懸命に戦ったが、／最後は戦いに敗れ、敵に降参した。

という意味になります。

〈 傍線部のルール❷　傍線部内の指示語・比喩・わかりにくい表現は言いかえる 〉

傍線部の内容を正しく理解するためには、傍線部内の指示語・比喩・わかりにくい表現を、わかりやすい言葉で言いかえて読むことが有効です。これも、傍線部を言いかえる問題（→p.35参照）を解く際に必ずマスターしなければならないルールです。次の例題を見てください。

【例題2】

のび太たちはタイムマシンに乗って、再び白亜紀に戻った。そして首長竜のピー助のふるさとの海に着くと、名残惜しい気持ちを抑え、ピー助と別れたのだった。のび太たちは船を走らせた。しかし、しばらくして後ろを振り返ると、ピー助が鳴きながら追ってくるではないか。船をどこまで走らせようとも、ピー助は追いかけて来る。そのピー助の姿に、いままでともに過ごした日々がのび太の脳裏によみがえった。「ピー助!!」のび太は叫んだ。だが、ピー助を現代に連れて帰るわけにはいかないのだ。タイムマシンで現代に戻ったのび太だったが、しばらくの間、ピー助の別れの鳴き声が耳について離れなかった。その悲しさときたら、なかった。

【問】傍線部はどういうことか。説明しなさい。

【解説】

まず、**傍線部のルール❶ 傍線部はいくつかの部分に分けて考える**で傍線部を分けてみると、次のようになります。

（1）その悲しさときたら、／（2）なかった。

　このように分けたら、次に、それぞれの部分に含まれる指示語・比喩・わかりにくい表現を、わかりやすい別の言葉で言いかえましょう。

　まずは（1）「その悲しさときたら、」について。指示語「その悲しさ」とは、どんな悲しさのことを指しているのでしょうか。**傍線部のルール❷　傍線部内の指示語・比喩・わかりにくい表現は言いかえる**により、「その悲しさ」を本文中の言葉を使って言いかえてみましょう。

　すると、傍線部の直前に「ピー助の別れの鳴き声が耳について離れなかった」とあるのが見つかりますね。これをもとにすると、「その悲しさ」とは、「耳について離れないピー助の別れの鳴き声の悲しさ」と言いかえることができそうです。

　次に（2）の「なかった」ですが、これもこのままではわかりにくいので、**傍線部のルール❷　傍線部内の指示語・比喩・わかりにくい表現は言いかえる**により、わかりやすい別の言葉で言いかえてみます。

　これは「またとない機会」などで用いられる「ない」の用法で、「他に類がない」「この上ない」といった意味です。今回の場合、「他に類がないほど悲しい」「この上なく悲しい」ということを言っているとわかります。

　ここまでをまとめてみると、次のように言いかえられることがわかりますね。

（1）その悲しさときたら、／（2）なかった。
　↓
（1′）耳について離れないピー助の別れの鳴き声の悲しさときたら、／（2′）この上なく悲しかった。

　したがって、これをもとに解答を作ればよいでしょう。文末は「〜こと。」で結びます。

解答　耳について離れないピー助の別れの鳴き声が、この上なく悲しかったということ。

〈 傍線部のルール❸　傍線部内の言葉と同じ言葉（似た言葉）に注目する 〉

これも傍線部の内容を理解するためのもう一つの大切なルールです。特に、傍線部内の言葉を別の言葉で言いかえようとするとき、その言いかえる別の言葉を探すのに役立ちます。次の例題の中で確かめてみましょう。

【例題3】

勉強はできないが、いざというときには頼りになる。そんな弱みと強みを両方兼ねそなえているのび太だからこそ好かれるのである。成績優秀な出木杉と一緒に塾に通い始めてめきめきと勉強ができるようになり、「出木杉のび太」になったとしたら、あまり魅力を感じなくなってしまうのではないだろうか。

【問】傍線部とはどのような人物か。説明しなさい。

【解説】

傍線部のルール❶ 傍線部はいくつかの部分に分けて考えるにより、まずは傍線部を詳しく見ていきましょう。

（1）出木杉／（2）のび太

もちろんこの問題は「出木杉のようなのび太」とはどのような人物かと聞いています。ですから、出木杉とはどんな人物か、のび太とはどういう人物かをそれぞれ考えなければなりません。

まずは（1）「出木杉」。**傍線部のルール❸傍線部内の言葉と同じ言葉（似た言葉）に注目する**により、**「出木杉」という言葉を本文中の他の部分から探します**。すると、傍線部の少し前に「成績優秀な出木杉」という説明が見つかります。

成績優秀な出木杉と一緒に塾に通い始めてめきめきと勉強ができるようになり、――

次に（2）「のび太」。これも**傍線部のルール❸傍線部内の言葉と同じ言葉（似た言葉）に注目する**により、**「のび太」という言葉を本文中から探します**。すると、「勉強はできないが、いざというときには頼りになる。そんな弱みと強みを両方兼ねそなえているのび太」という部分が見つかります。

勉強はできないが、いざというときには頼りになる。そんな弱みと強みを両方兼ねそなえているのび太だからこそ――

これは要するに「勉強ができないという弱みと、いざというときには頼りになるという強みを兼ねそなえたのび太」と言いかえることができますね。

このように、**傍線部内の言葉と同じ言葉（似た言葉）を本文の他の部分に探すことによって、傍線部内の言葉を理解するヒントを得ることができる**というわけです。よって、これまでのことから、「出木杉のようなのび太」とは、「成績は優秀で、いざというときにも頼りになる人物」のことだとわかります。

解答　成績は優秀で、いざというときにも頼りになる人物。

〈 傍線部のルール❹　傍線部に省略された主語・述語・目的語を補う 〉

傍線部の内容を理解する上でもう一つ有効なのが、傍線部に省略された主語・述語・目的語を補うことです。早速、例題で考えてみましょう。

【例題4】

スネ夫曰《いわ》く、明日ジャイアンのリサイタルがあるから、みんなを集めるように言われているという。

「ジャイアンはちっともわかっていないいんだよな」

「まったくだ」とのび太も言う。「こっちの迷惑も考えて欲しいよ」

「でもさ、そうとも言えないしさ…」

その困り切った様子に、スネ夫も損な役回りだなとのび太は思った。

【問】傍線部はどういうことか。説明しなさい。

【解説】

まず、傍線部「まったくだ」の「まったく」とは、「本当」「その通り」の意味で、相手の意見などを強く肯定するときに使う言葉ですね。では、この場合、どんなことが「まったくだ（＝本当だ）」というのでしょう？

このままではわかりづらいので、**傍線部のルール❹　傍線部に省略された主語・述語・目的語を補う**により、主語を補ってみると、次のようになるでしょう。

ジャイアンがちっともわかっていないのは《主語》／本当だ。

ただし、右の文でも、「何を」ジャイアンがちっともわかっていないのか、いまいち伝わりませんね。ですから、さらに、この「何を」の部分（＝目的語）も補ってみましょう。

すると、傍線部のすぐ後に、「こっちの迷惑も考えて欲しいよ」とあることから、ジャイアンがちっともわかっていないのは、「リサイタルをみんなが迷惑に思っていること」といった内容でしょう。**傍線部のルール❹ 傍線部に省略された主語・述語・目的語を補う**により、この目的語を補うと、次のような文章が得られます。

リサイタルをみんなが迷惑に思っていることを《目的語》／**ジャイアンがちっともわかっていないのは**《主語》／本当だ。

いかがでしょうか？　主語や目的語を補うことによって、文章の意味がわかりやすくなりましたね。

ちなみに、「ちっとも」という言葉は、ややくだけた言い回しですので、記述問題の解答としては「少しも」「まったく」などと言いかえるのがよいです。

解答　リサイタルをみんなが迷惑に思っていることを、ジャイアンが少しもわかっていないのは本当だ、ということ。

第二章 記述問題 パターン別の書き方

中学受験国語の記述問題には、大きく分けて次の四つのパターンがあります。

1 **言いかえ問題**…傍線部の言葉を別の言葉でわかりやすく説明する問題
2 **理由問題**………ものごとの因果関係を説明する問題
3 **まとめ問題**……ものごとの違いや共通点、またはその内容をまとめる問題
4 **気持ち問題**……人物の気持ちやその変化を説明する問題

そして記述問題を解くときに、その問題がこれらのどのパターンの問題なのかを見分け、そのパターンに見合った解答を作れるかどうかが記述問題の成否を大きく左右します。なぜかといえば、その問題が何を求めているかがわからなければ、せっかく解答を書いても得点にならないということが起こりかねないからです。つまり、中学受験の記述問題では、それぞれのパターンごとに求められている解答が違うということです。

どの記述パターンかを見分ける
↓
それぞれの記述パターンの書き方に沿って、わかりやすい解答を書く

この流れは、どの記述問題でも一貫しています。まずは、記述パターンを見分けること。そして、それぞれの記述パターンごとの書き方を身につけること。これが大切です。
ではこれから、パターン別の書き方を見ていくことにしましょう。

記述パターン❶　言いかえ問題

《言いかえ問題》の解き方の手順

手順❶　傍線部をいくつかの部分に分ける。
手順❷　それぞれの部分を、別のわかりやすい言葉で言いかえる。
手順❸　❷でできた文を「わかりやすい解答」に整える。

《言いかえ問題》というのは、傍線部について、「～とはどういうことかを説明しなさい」というタイプの問題です。例題でその解き方の手順を確認しましょう。

【例題1】のび太は今日も部屋でだらだらしている。結局、最後はドラえもんが助けてくれると思っているのだ。そこで、こうなったのは自分のせいだと感じたドラえもんは、今度こそはなにがあっても助けないぞ、と心に誓うのであった。

【問】傍線部はどういうことか説明しなさい。

《言いかえ問題》とはまず、「傍線部をわかりやすい別の言葉で言いかえる問題」だと理解してください。

傍線部のままだとよく意味がわからないから、わかりやすい別の言葉で説明してあげればいいんですね。

では早速、解き方の手順通りに【例題1】を解いてみましょう。

手順❶　傍線部をいくつかの部分に分ける。

傍線部「こうなったのは自分のせいだ」をいくつかの部分に分けます。これは、**傍線部のルール❶　傍線部はいくつかの部分に分けて考える**と同じです。すると、次のようになります。

こうなったのは／自分の／せいだ

手順❷　それぞれの部分を、別のわかりやすい言葉で言いかえる。

「こうなったのは」「自分の」「せいだ」それぞれの部分について、それがどういうことなのかを別のわかりやすい言葉で説明します。それはたとえば、次のように考えればいいでしょう。

（1）「こうなったのは」……「こう」というのは指示語ですから、**傍線部のルール❷　傍線部内の指示語・比喩・わ**

かりにくい表現は言いかえるより、「こう」＝「のび太が今日も部屋でだらだらしていること」と考えます。このように、**言いかえるときはなるべく本文の言葉を利用しましょう（本文主義）。**

よって、「こうなったのは」＝「のび太が今日も部屋でだらだらしているのは」と言いかえられます。

（2）「自分の」……ここでの「自分」とは、もちろん「ドラえもん」のことですね。

（3）「せいだ」……「せい」というのは「〜が原因・理由になっている」という意味ですね。

これら（1）〜（3）より、傍線部を言いかえてみると、次のようになります。

こうなったのは／自分の／せいだ

↓

のび太が今日も部屋でだらだらしているのは／ドラえもんが／原因・理由となっている

手順❸　**❷でできた文を「わかりやすい解答」に整える。**

解答のルール❶　主語・述語・目的語のわかりやすい文にするにも気をつけて、「わかりやすい解答」にしましょう。**設問に「どういうことか説明しなさい」とあるので、文末表現を「〜こと」にするのも忘れずに**（解答のルール❸　文末表現に注意する）。

【解答例】　のび太が今日も部屋でだらだらしているのはドラえもんに原因があるということ。

記述パターン❷　理由問題

《理由問題》の解き方の手順

手順❶　「〇〇はなぜか」「〇〇の理由を説明しなさい」の〇〇を「結果」とする。
（傍線部が「結果」になっていることが多い）

手順❷　「結果」に対する「原因・理由」を本文中から読み取る。

手順❸　「原因・理由＋結果」の文を作り、「原因・理由」と「結果」の因果関係が正しいかどうかを確かめる。

手順❹　「原因・理由」の部分を「わかりやすい解答」に整える。（文末は「〜から」）

〜〜〜〜〜〜〜〜〜〜〜〜〜〜〜〜〜〜〜〜〜〜〜〜〜〜〜〜〜〜〜〜〜〜〜〜

手順´❹　物語文・随筆では、「気持ち」も入れて、「原因・理由＋気持ち」の部分を「わかりやすい解答」に整える。（文末は「〜から」）

次は《理由問題》です。「〜はなぜか」「〜の理由を説明しなさい」というタイプの問題ですね。早速、次の例題を見てみましょう。

【例題2】のび太は今日も部屋でだらだらしている。結局、最後はドラえもんが助けてくれると思っているのだ。

【問】「だらだらしている」とあるが、それはなぜか。説明しなさい。

《理由問題》というのは、少し難しい言葉を使うと、ものごとの「因果関係」を説明しなさいという問題です。「因果関係」というのは「原**因**と結**果**」の関係のことですね。たとえば「食べすぎたから（原因・理由）、お腹が痛い（結果）」というのがそれ。「なぜお腹が痛い（結果）のか？」と問われたら、「食べすぎたから（原因・理由）」と答えればいいわけです。このように、《理由問題》というのは、ものごとの因果関係を説明すればいい、つまり、**「結果」に対する「原因・理由」の部分を説明すればいいのですね。**

では、解き方の手順に従って、【例題2】を考えてみましょう。

手順❶　「〇〇はなぜか」「〇〇の理由を説明しなさい」の〇〇を「結果」とする。
（傍線部が「結果」になっていることが多い）

《理由問題》というのは、「結果」に対する「原因・理由」を説明する問題ですから、当然、何が「結果」に当たるのかがわからなければなりません。簡単に言うと、「結果」というのは、「○○はなぜか」「○○の理由を説明しなさい」という問いにおける○○の部分のことです。この【例題2】では、傍線部の〈だらだらしている〉が「結果」に当たりますね。このように、**多くの場合、傍線部が「結果」になっています。**

手順❷　「結果」に対する「原因・理由」を本文中から読み取る。

では、〈だらだらしている（結果）〉に対する「原因・理由」は何でしょうか。本文から探してみると、「結局、最後はドラえもんが助けてくれると思っている」とありますから、「原因・理由」は、〈結局、最後はドラえもんが助けてくれると思っているから〉と考えることができます。

手順❸　「原因・理由＋結果」の文を作り、「原因・理由」と「結果」の因果関係が正しいかどうかを確かめる。

「原因・理由」だと思った部分が本当に正しいのかどうか。これを確かめるためには、「原因・理由＋結果」の文を作ってみるのが非常に有効です。手順❶で見つけた〈だらだらしている（結果）〉と、手順❷で見つけた〈結局、最後はドラえもんが助けてくれると思っているから（原因・理由）〉をつないで一文にし、因果関係が正しいかどうかを確かめてみるのです。次のような感じです。因果関係は正しいですね。

〈結局、ドラえもんが助けてくれると思っているから（原因・理由）、だらだらしている（結果）。〉

手順❹　「原因・理由」の部分を「わかりやすい解答」に整える。（文末は「〜から」）

最後に「原因・理由」の部分をもとに「わかりやすい解答」を作ります。この問題では、**解答のルール❶ 主語・述語・目的語のわかりやすい文にする**を使って、主語を補うとよいでしょう。文末を「〜から」にすることにも気をつけてください。（**解答のルール❸ 文末表現に注意する**）

【解答例】 結局、最後はドラえもんが助けてくれるとのび太は思っているから。

もう少し複雑な《理由問題》も考えてみましょう。

【例題３】のび太は今日も部屋でだらだらしている。「部屋が暑すぎるんだよ！」とか「宿題が一人じゃどうにもならない！」とか言いながら、寝転んでアイスを食べ、マンガばかり読んでいる。結局、最後はドラえもんが助けてくれると思っているのだ。

【問】「だらだらしている」とあるが、それはなぜか。説明しなさい。

手順❶　「○○はなぜか」「○○の理由を説明しなさい」の○○を「結果」とする。
（傍線部が「結果」になっていることが多い）

これは【例題2】と同じく、傍線部の〈だらだらしている〉が「結果」になります。

手順❷　「結果」に対する「原因・理由」を本文中から読み取る。

【例題3】は【例題2】よりも本文が長くなりました。こういうときに意識したいのが、

短く分けて考える
←
それらをつなぎ合わせる

でしたね。「原因・理由」に当たりそうな部分を本文から探してみると、次の（ア）～（ウ）が見つかります。

（ア）部屋が暑すぎる
（イ）宿題が一人じゃどうにもならない
（ウ）結局、最後はドラえもんが助けてくれると思っている

手順❸　「原因・理由＋結果」の文を作り、「原因・理由」と「結果」の因果関係が正しいかどうかを確かめる。

手順❷で見つけた（ア）〜（ウ）が「原因・理由」として正しいかどうか、〈だらだらしている（結果）〉とつなげて確認してみましょう。このとき、「〜から」を適宜《てきぎ》補ってつなげます。

（ア）**部屋が暑すぎる**から（原因・理由）、だらだらしている（結果）。↓因果関係が成り立つ。

（イ）**宿題が一人じゃどうにもならない**から（原因・理由）、だらだらしている。↓因果関係が成り立つ。

（ウ）**結局、最後はドラえもんが助けてくれると思っている**から（原因・理由）、だらだらしている（結果）。↓因果関係が成り立つ。

ちなみに、

（エ）寝転んでアイスを食べ

（オ）マンガばかり読んでいる

の部分が「原因・理由」として正しくないことも、次のように「原因・理由＋結果」の文を作ってみればわかります。いかがですか？　明らかに因果関係が成り立ちませんね。

（エ）**寝転んでアイスを食べている**から（原因・理由）、だらだらしている（結果）。↓因果関係が成り立たない。

（オ）**マンガばかり読んでいる**から（原因・理由）、だらだらしている（結果）。↓因果関係が成り立たない。

手順❹　「原因・理由」の部分を「わかりやすい解答」に整える。（文末は「〜から」）

最後に、（ア）〜（ウ）の部分をつなぎ合わせ、「わかりやすい解答」を作りましょう。ただし、（イ）の「一人じゃ」のようなくだけた表現は別の言葉に言いかえるべきです。

【解答例】

部屋が暑すぎて宿題が一人ではどうにもならない上に、結局、最後はドラえもんが助けてくれるとのび太は思っているから。

理由問題（物語文・随筆限定）

《理由問題》では、もう一つ知っておいて欲しいことがあります。それは、

物語文・随筆では、解答に「気持ち」も入れて、「原因・結果＋気持ち」で書く。

ということです。

物語文や随筆というのは基本的に、登場人物や筆者の「気持ち」とその変化が中心になっています。したがって、問題の作成者も、受験生がその部分を読み取れているかを見たいわけですし、当然、そこを問うてくるわけですね。ですから、物語文や随筆では、解答の中に「気持ち」を入れると解答として伝わりやすいものになることが多いのです。

では、このあたりのことを次の例題で見てみましょう。

【例題4】のび太は今日も部屋でだらだらしている。結局、最後はドラえもんが助けてくれると思っているのだ。そこで、こうなったのは自分のせいだと感じたドラえもんは、今度こそはなにがあっても助けないぞ、と心に誓うのであった。こうしてその日、ドラえもんは「いじわるなドラえもん」になったのである。

【問】「『いじわるなドラえもん』になった」とあるが、それはなぜですか。その理由を60字程度で説明しなさい。

手順❶　**「○○はなぜか」「○○の理由を説明しなさい」の○○を「結果」とする。（傍線部が「結果」になっていることが多い）**

これは傍線部がそのまま「結果」になっていますから、〈「いじわるなドラえもん」になった〉が「結果」ですね。

手順❷　**「結果」に対する「原因・理由」を本文中から読み取る。**

本文に「こうなったのは自分のせいだと感じた」とありますね。ここが「原因・結果」と考えられます。ただし、「こうなった」の「こう」というのは指示語ですから、**解答のルール❷　指示語・比喩・わかりにくい表現は言いかえる**より、「こう」とは何かを本文から読み取ります。すると、「こう」＝「のび太は今日も部屋でだらだらしている」を指していますから、それを言いかえて、「原因・結果」は〈のび太が今日も部屋でだらだらしているのは自分のせいだと感じたから〉になると考えられます。

手順❸　**「原因・理由＋結果」の文を作り、「原因・理由」と「結果」の因果関係が正しいかどうかを確かめる。**

〈のび太が今日も部屋でだらだらしているのは自分のせいだと感じたから（原因・理由）、「いじわるなドラえもん」になった（結果）。〉→因果関係ＯＫ

さて、ここまでの手順は【例題1】～【例題3】までと同じでしたが、物語文・随筆ではここで「気持ち」を考えます。本文に、「今度こそはなにがあっても助けないぞ、と心に誓う」とありますね。このドラえもんの「気持ち」を解答の中に入れていきます。物語文・随筆の《理由問題》では、手順´❹として、次のように考えましょう。

手順´❹ 物語文・随筆では、「気持ち」も入れて、「原因・理由＋気持ち」の部分を「わかりやすい解答」に整える。（文末は「～から」）

ただし、指定字数との兼ね合いで「気持ち」が入らないこともあるでしょう。また、「気持ち」を入れると解答としてふさわしくない場合もあります。ですから、物語文・随筆では、原則として「気持ち」を入れるという理解の仕方をしてください。

【解答例】

のび太が今日も部屋でだらだらしているのは自分のせいだと感じたドラえもんは、今度こそはなにがあっても助けないと心に誓ったから。（62字）

記述パターン❸　まとめ問題

《まとめ問題》の解き方の手順

手順❶　説明すべき部分を本文中から見つける。
（具体例ではなく、具体例をまとめた部分から）

手順❷　❶で見つけた部分を「わかりやすい解答」としてまとめる。

《まとめ問題》は大きく次の三つのタイプに分けられます。

（1）共通点を説明する問題
（2）違いを説明する問題
（3）内容をまとめる問題

（1）「共通点を説明する問題」というのは、「AとBの共通点を説明しなさい」というタイプの問題で、AとBの共通点が書いてある部分を本文中から探して、それらをまとめます。

（2）「違いを説明する問題」というのは、「AとBの違いを説明しなさい」というタイプの問題で、AとBの違いが書いてある部分を本文中から探して、それらをまとめます。

（3）「内容をまとめる問題」は、「○○について説明しなさい」といったタイプの問題で、指定された内容についてまとめたり、筆者の考えなどをまとめるなどさまざまです。たとえば「Aについての筆者の考えをまとめなさい」とあれば、Aについての筆者の考えが書かれているところを本文中から探し、それらをまとめます。

ちなみに、「共通点が書いてある部分」「違いが書いてある部分」、「筆者の考えが書かれているところ」など、**説明すべき部分は、具体例ではなく、具体例をまとめた部分から探すことがポイントです**。たとえば、「テレビ、洗濯機、冷蔵庫」は具体例ですが、「電化製品」は具体例のまとめですね。（「具体例をまとめた部分」とは、少し難しい言葉を使えば、「抽象化された部分」とも言います。）

このあたりのことを次の例題でも確認してみましょう。

【例題5】のび太たちは夏休みにどこにキャンプに行くかを相談している。

「夏といえば海に決まってるよな」ジャイアンが言う。スネ夫もこれに賛成だ。

「たまには山もいいと思うわ」としずかちゃん。のび太も山がいいと言う。

そこでドラえもんは、海底の山に登ればいいじゃないかと提案するが、海底なんか真っ暗で気味が悪いと、みんなの大反対にあう。キャンプは明るい太陽の降りそそぐところでやらなくちゃというわけだ。

【問】のび太たちが夏休みにしたいと考えていることを25字程度で説明しなさい。

手順❶　説明すべき部分を本文中から見つける。（具体例ではなく、具体例をまとめた部分から）

【例題5】は《まとめ問題》のうち、「内容をまとめる問題」にあたります。

本文に「キャンプは明るい太陽の降りそそぐところでやらなくちゃ」とありますから、ここを中心に解答を作ればよいでしょう。「海」や「山」にあたるのが具体例、「明るい太陽の降りそそぐところ」が具体例をまとめた部分にあたりますね。

手順❷　❶で見つけた部分を「わかりやすい解答」としてまとめる。

❶で見つけた「キャンプは明るい太陽の降りそそぐところでやらなくちゃ」をもとに「わかりやすい解答」を作りましょう。「キャンプ」「明るい太陽の降りそそぐところ」は解答に入れるべきところです。また、「のび太たちが夏休みにしたいと考えていること」を問われているので、文末は「〜こと」としましょう。（**解答のルール❸　文末表現に注意する**）

ちなみにこの【例題5】では、❶で見つけた部分は一カ所だけでしたが、《まとめ問題》には複数の部分をまとめて解答を作る問題が多いです。そのあたりは第三章の【練習問題】の問題を通して再度説明します。

【解答例】 明るい太陽の降りそそぐところでキャンプをすること。（25字）

記述パターン❹　気持ち問題

《気持ち問題》の解き方の手順

手順❶　言動・情景描写から「気持ち」を読み取る。

手順❷　その「気持ち」になった「理由」を本文中から読み取る。

手順❸　「理由＋気持ち（結果）」の文を作り、「理由」と「気持ち（結果）」の因果関係が正しいかどうかを確かめる。

手順❹　「理由＋気持ち」を「わかりやすい解答」に整える。

《気持ち問題》というのは、主に物語文で問われる「～はどのような気持ちですか」「～の心情を説明しなさい」といったタイプの問題です。ですから当然、本文から登場人物の「気持ち」を読み取らなければなりません。「うれしい」とか「悲しい」とか「怒っている」とか「安心した」とか、そんなふうに「気持ち」が直接本文に書かれていることもありますが、多くの場合、登場人物の「気持ち」は直接表されておらず、解答者が文章から読み取れなければなりません。《気持ち問題》が苦手な人はここがどうも得意ではなさそうです。

では、「気持ち」とはどのように読み取ればいいのでしょう。「気持ち」の読み取りのコツは、本文中の次の二つに注目して読み取ることです。

①言動…人物の様子（セリフ、行動、表情）から気持ちを読み取る。

（例・セリフ）…「お前はいいよな」と彼は言い残して立ち去った。↓「うらやましさ」「嫉妬《しっと》」

（例・行動）父はこぶしで机をたたき、大声で私を呼んだ。↓「怒り」

（例・表情）それを聞くと、彼は急に目を輝かせた。↓「喜び」「うれしさ」「期待」

②情景描写…天気や風景の描写に人物の気持ちが表れていると考える。

（例）突然、雲行きが怪しくなってきた。↓「不安」「心配」

物語文の「気持ち」は「①言動」から読み取ることがほとんどですから、どういった「言動」からどういった「気持ち」が読み取れるのかは、ある程度訓練しておくのがよいでしょう。

また、《気持ち問題》で大切なのは、なぜその「気持ち」になったのかという「理由」も解答に入れることです。つまり、**《気持ち問題》の解答は「理由＋気持ち」で書かなければなりません**。「〜の気持ちを答えなさい」と問われていても、単に「気持ち」の部分だけを書けばいいというわけではないので、いつも気をつけてください。

ではこのあたりのことを、またドラえもんの文章でやってみましょう。

【例題6】のび太は今日も部屋でだらだらしている。結局、最後はドラえもんが助けてくれると思っているのだ。そこで、こうなったのは自分のせいだと感じたドラえもんは、今度こそはなにがあっても助けないぞ、と心に誓うのであった。こうしてその日、ドラえもんは「いじわるなドラえもん」になったのである。

【問】「『いじわるなドラえもん』になった」とあるが、このときのドラえもんの気持ちを説明しなさい。

手順❶　言動・情景描写から「気持ち」を読み取る。

まず《気持ち問題》では、「言動（セリフ、行動、表情）」や「情景描写」から「気持ち」を読み取ります。

本文にドラえもんの言動（心の中のセリフ）として、「今度こそはなにがあっても助けないぞ、と心に誓うのであった」とありますから、このときのドラえもんの「気持ち」は、〈今度こそは何があっても助けないという決意〉などになるかと思います。

手順❷　その「気持ち」になった「理由」を本文中から読み取る。

次に、なぜその「気持ち」になったのかの「理由」を考えます。この場合、ドラえもんはなぜそのような決意をしたかということですね。

これは本文に「**こう**なったのは自分のせいだと感じた」とありますが、**解答のルール❷　指示語・比喩・わかりにくい表現は言いかえる**より、「こう」＝「のび太が今日も部屋でだらだらしている」ですから、ドラえもんが決意した理由は、〈**のび太が今日も部屋でだらだらしている**のは自分のせいだと感じたから〉と考えられるでしょう。

手順❸　「理由＋気持ち（結果）」の文を作り、「理由」と「気持ち（結果）」の因果関係が正しいかどうかを確かめる。

❷で考えた「理由」が正しいかどうかは、《理由問題》のときと同じように、「理由＋気持ち（結果）」の文を作ってみます。（《気持ち問題》では、「気持ち」を「結果」として考えます。ちなみに、「原因」というのは物事を引き起こす元となるもので、「理由」は人の行為や判断の元となるものを指します。厳密には少し違いますので、「気持ち」の場合には「理由」という言葉を用いています）

「理由」＝のび太が今日も部屋でだらだらしているのは自分のせいだと感じたから
「気持ち（結果）」＝今度こそは何があっても助けないという決意

これを「理由＋気持ち（結果）」の文にしてみると、〈のび太が今日も部屋でだらだらしているのは自分のせいだと感じたから（理由）、今度こそは何があっても助けないと決意している。（結果）〉となります。「理由」と「気持ち（結果）」のつながりはよさそうですね。

手順❹　「理由＋気持ち」を「わかりやすい解答」に整える。

最後に「わかりやすい解答」に整えて終わりです。

【解答例】

のび太が今日も部屋でだらだらしているのは自分のせいだと感じたから、今度こそは何があっても助けないと決意している。

■■■気持ちの変化の問題■■■

《気持ちの変化の問題》の解き方の手順

手順❶　「変化後の気持ち」を読み取る。

手順❷　「変化後の気持ちの理由（変化のきっかけ）」を本文中から読み取る。

手順❸　「変化前の気持ち」を読み取る。（「変化後の気持ち」の逆になっていることが多い）

手順❹　「変化前の気持ちの理由」を本文中から読み取る。

手順❺　「変化前の気持ちの理由＋変化前の気持ち＋変化後の気持ちの理由（変化のきっかけ）＋変化後の気持ち」で解答を書く。

《気持ち問題》にはちょっとしたバリエーションがあります。その一つが《気持ちの変化の問題》です。物語文では大抵、はじめと終わりで人物の「気持ち」が変化していることが多く、その気持ちの変化を説明させるのがこのタイプの問題です。気持ちが変化するということは、何らかの「変化のきっかけ」がありますから、それを読み取ることが《気持ちの変化の問題》では大切になります。

【例題7】その日ものび太は部屋でだらだらしていた。結局、最後はドラえもんが助けてくれると思っているのだ。そこで、こうなったのは自分のせいだと感じたドラえもんは、今度こそはなにがあっても助けないぞ、と心に誓うのであった。こうしてその日、ドラえもんは「いじわるなドラえもん」になったのである。

ドラえもんはのび太の頼みを一切きかなくなった。四次元ポケットから道具は出さない。ジャイアンにぶん殴られたり、スネ夫に嫌味を言われたりしたのび太にすがりつかれても、ぐっと我慢した。そんな日が一週間も続いた。

さて、のび太は変わっただろうか？　いや、まったく変わらなかったのである。相変わらず今日ものび太は部屋でだらだらしている。ドラえもんは大きくため息をついた。そして、また「やさしいドラえもん」に戻ったのである。

【問】「また『やさしいドラえもん』に戻ったのである」とあるが、のび太に対するドラえもんの気持ちはどのように変化したか、説明しなさい。

手順❶　「変化後の気持ち」を読み取る。

《気持ちの変化の問題》では、「変化後の気持ち」を先に読み取ることがコツです。なぜかと言えば、「変化後の気持ち」というのは傍線部のときの「気持ち」なので、見つけやすいからです。

では、傍線部付近の「言動（セリフ、行動、表情）」や「情景描写」から、ドラえもんの「気持ち」を読み取ってみましょう。ここでは傍線部の直前に「ドラえもんは大きくため息をついた」というドラえもんの「言動」がありますね。「ため息をつく」というのは「がっかりした」ときや「あきれた」とき、それがさらに進んで「あきらめ」を感じたときの行動です。ここでは、「もうこれ以上『いじわるなドラえもん』でいてものび太は変わらないだろうな」という「あきらめ」が一番近いのでしょう。ですから「変化後の気持ち」としては、〈のび太を変えることに対するあきらめ〉が考えられるかと思います。

手順❷　「変化後の気持ちの理由（変化のきっかけ）」を本文中から読み取る。

ドラえもんが〈のび太を変えることに対するあきらめ〉を覚えることになった「理由（きっかけ）」は何でしょう。これは本文に「そんな日が一週間も続いた」「さて、のび太は変わっただろうか？　いや、まったく変わらなかったのである」などとありますから、〈一週間してものび太はまったく変わらなかったから〉などと考えることができそうです。

念のため、《気持ち問題》のときと同じように「理由＋気持ち（結果）」の文を作ってみると、〈一週間してものび太はまったく変わらなかったから（理由）、のび太を変えることをあきらめた（気持ち）〉となり、因果関係は正しいとわかります。

手順❸　「変化前の気持ち」を読み取る。（「変化後の気持ち」の逆になっていることが多い）

さて、ドラえもんは最初、のび太に対してどんな「気持ち」だったのでしょう。これは【例題6】でやったように〈今度こそは何があっても助けないという決意〉ですが、**「変化前の気持ち」は「変化後の気持ち」の逆になっていることが多い**ことは覚えておいてください。「変化後の気持ち」から「変化前の気持ち」を推察するときに役立ちます。

実際にここでも、〈あきらめ〉の反対のような「気持ち」が〈決意〉になっていますよね。

手順❹　「変化前の気持ちの理由」を本文中から読み取る。

「変化前の気持ちの理由」も【例題６】でやったように、〈のび太が部屋でだらだらしているのは自分のせいだと感じたから〉ですね。因果関係の確認も【例題６】ですでに行っていますから、ここでは省略します。

手順❺　「変化前の気持ちの理由＋変化前の気持ち＋変化後の気持ちの理由（変化のきっかけ）＋変化後の気持ち」で解答を書く。

さて、これで解答に入れるすべてのパーツが揃いました。

［変化前の気持ちの理由］……のび太が部屋でだらだらしているのは自分のせいだと感じたから
［変化前の気持ち］…………今度こそは何があっても助けないという決意
［変化後の気持ちの理由］……一週間してものび太はまったく変わらなかったから
［変化後の気持ち］…………のび太を変えることに対するあきらめ

あとはこれらを「わかりやすい解答」としてまとめましょう。**解答のルール❶　主語・述語・目的語のわかりやすい文にする**に気をつけて書くと、次のようになります。

【解答例】
のび太が部屋でだらだらしているのは自分のせいだと感じたドラえもんは、今度こそは何があっても助けないという決意をしていたが、一週間してものび太はまったく変わらなかったため、のび太を変えることをあきらめた。

気持ちの葛藤の問題

《気持ちの葛藤の問題》の解き方の手順

手順❶　二つの相反する「気持ちA」と「気持ちB」をそれぞれ読み取る。

手順❷　「気持ちA」の「理由A」と「気持ちB」の「理由B」をそれぞれ本文中から読み取る。

手順❸　「理由＋気持ち（結果）」の文をA、Bそれぞれ作り、「理由」と「気持ち（結果）」の因果関係が正しいかどうかを確かめる。

手順❹　「理由A＋気持ちA＋理由B＋気持ちB」で解答を書く。

「遊びたい」けれど「勉強しなければいけない」というように、人の心の中には、相反《あいはん》する「気持ち」が同時に存在することが少なくありません。そんな相反する「気持ち」を説明する問題を《気持ちの葛藤《かっとう》の問題》と呼んでいます。「葛藤」というのは、「相反する気持ちの間で迷う状態」のことです。

【例題８】その日ものび太は部屋でだらだらしていた。結局、最後はドラえもんが助けてくれると思っているのだ。そこで、こうなったのは自分のせいだと感じたドラえもんは、今度こそはなにがあっても助けないぞ、と心に誓うのであった。こうしてその日、ドラえもんは「いじわるなドラえもん」になったのである。

ドラえもんはのび太の頼みを一切きかなくなった。四次元ポケットから道具は出さない。ジャイアンにぶん殴られたり、スネ夫に嫌味を言われたりしたのび太にすがりつかれても、ぐっと我慢した。そんな日が一週間も続いた。

【問】「ぐっと我慢した」とあるが、ここでのドラえもんの気持ちを説明しなさい。

手順❶　二つの相反する「気持ちA」と「気持ちB」をそれぞれ読み取る。

ここでのドラえもんの「気持ち」はそう単純ではありませんね。「今度こそはなにがあっても助けないぞ、と心に誓うのであった」「ぐっと我慢した」といった言動から、〈のび太を助けたい〉という「気持ちA」と、〈のび太を助けるのをこらえている〉という、相反する「気持ちB」が読み取れます。

手順❷　「気持ちA」の「理由A」と「気持ちB」の「理由B」をそれぞれ本文中から読み取る。

まず〈のび太を助けたい〉という「気持ちA」に対する「理由A」は何でしょうか。

本文に「ジャイアンにぶん殴られたり、スネ夫に嫌味を言われたりしたのび太」とありますから、「理由A」は、〈ジャイアンにぶん殴られたり、スネ夫に嫌味を言われたりしたのび太がかわいそうだから〉などと考えることができそうです。

次に、〈のび太を助けるのをこらえている〉という「気持ちB」に対する「理由B」を考えます。
これは【例題7】でやったように、〈のび太が部屋でだらだらしているのは自分のせいだと感じ、今度こそは何があっても助けないという決意をしていたから〉ですね。

手順❸　「理由＋気持ち（結果）」の文をA、Bそれぞれ作り、「理由」と「気持ち（結果）」の因果関係が正しいかどうかを確かめる。

このあたりはもう慣れてきましたか？
A……〈ジャイアンにぶん殴られたり、スネ夫に嫌味を言われたりしたのび太がかわいそうだから（理由）、のび太を助けたい（気持ち）。〉↓因果関係ＯＫ
B……〈のび太が部屋でだらだらしているのは自分のせいだと感じ、今度こそは何があっても助けないという決意をしていたから（理由）、助けるのをこらえている（気持ち）。〉↓因果関係ＯＫ

手順❹　「理由A＋気持ちA＋理由B＋気持ちB」で解答を書く。

最後は**解答のルール❶主語・述語・目的語のわかりやすい文にする**に注意して、「理由A＋気持ちA＋理由B＋気持ちB」で解答を作ります。

【解答例】

ジャイアンにぶん殴られたり、スネ夫に嫌味を言われたりしてかわいそうだからのび太を助けたいが、のび太が部屋でだらだらしているのは自分のせいだと感じ、今度こそは何があっても助けないという決意をしていたから、助けるのをこらえている。

記述解答までのプロセス

さて、ここまで学んできたことをもとに、記述問題の解答までのプロセスをまとめてみます。
記述問題を解く際は、原則として次の手順で考えて解答を作るのがよいでしょう。

記述問題の解答の手順

手順❶　「傍線部のルール」に注意して、傍線部を正しく読み取る。

手順❷　「記述パターン」を見分け、パターン別の書き方に沿って解答を書く。

手順❸　「解答のルール」に注意して、わかりやすい解答にする。

「記述問題はいつもこのように解く」という「型」を自分の中に構築することは大切です。いつも同じように解くことで、行き当たりばったりではない「記述問題の解き方」が身につきます。

記述問題におけるその他の注意事項

注意点1　模範解答通りに書けなくても心配しないこと。

模擬試験や入試過去問の模範解答と自分の解答がかけはなれているからといって、「自分は記述問題ができない！」なんて思わないようにしましょう。模範解答というのは、模擬試験や入試問題の作成者が念には念を入れて作った解答です。ですから、時間制限のある中で、きみたちが模範解答通りに書けなくて当然なのです。

また、模範解答通りに書けなくても入試には十分合格できます。記述問題であれば、まずは常に七割程度の解答を作れる力を目指してください。そして、本書でも繰り返して書いていますが、なるべく本文を生かした解答を書くように心がけてください。模範解答というものは得てして、本文の言葉をうまく言いかえた表現を使っていることが多いのですが、きみたち中学受験生がそれを無理に真似る必要はありません。記述問題の解答は「わかりやすい解答」を作ることが一番です。ですからそのためには、繰り返しになりますが、本文の言葉を生かした解答がよいのです。本書でも【解答例】はなるべく本文を生かした解答を示すようにしています。

注意点2　解答に入れるべき要素は多めに用意しよう。

記述問題の採点基準は、「要素（解答に入れるべき事柄）」の有無によって加点される方式であることが一般的です。○○という要素が入っていれば4点、△△が入っていれば3点…という具合です。ですから、解答に入れられそうな要素を多めに用意して、それらを指定字数に合わせて圧縮していけば、減点の少ない解答になりやすいというわけなのです。ちなみに**指定字数がある場合、解答は指定字数の八割以上書くことを目安としましょう。**たとえば「60字以内で説明しなさい」とあれば、48字以上、60字以内で書くということです。

注意点3

解答の中に、比喩表現／くだけた表現／擬音語・擬態語は使わないこと。

それぞれ【例】のように言いかえて表現するようにします。

（1）**比喩表現**

【例】のび太は**スーパーマンのような活躍**をした。↓のび太は大活躍をした。

（2）**くだけた表現**

【例】のび太は射撃が**すごく**上手だ。↓のび太は射撃が**大変**上手だ。

（3）**擬音語・擬態語**

【例】のび太の背後で**バタンと**物音がした。↓のび太の背後で**大きな**物音がした。

注意点4

模範解答や解説をすぐに見ないこと。

記述問題の解答を書く力は、**「記述問題の解き方」に従って自力でなんとか解答を作り上げることによってこそ向上する**ものです。自分で解答を作る前に模範解答を見て納得したからといって、自分で試行錯誤しながら解答を作る努力を重ねない限り、いつまでたっても記述問題の解答力は上がりません。

第三章

練習問題編

記述パターン❶　言いかえ問題

【練習問題1】次の文章を読んで後の問いに答えなさい。（二〇一四年　巣鴨中）

たとえば、アジアを旅するのに、目的はさほど重要ではない。アジア、とくに気候の暑い国は、旅人に目的を求めていない。むしろ、目的を奪いすらする。あの町にいってあの遺跡を見ようと思っていたけれど、まあいいや、暑いし、この町でも充分楽しいから。と、すぐにそんな気持ちにさせてしまう。そして、こちらがなんの目的もなく、ぼうっとした時間を過ごしていたとしても、かならず何か、旅を実感させるようなことが起きる。だれかが話しかけてくる。似たような長期旅行者や、あるいはその町に住む人や。食事に誘ってくれたり、中心から離れた、たとえば川や湖や滝や、ディスコやお寺や市場に連れていってくれたりする。一日、なんの予定がなくとも、気がつけばそんなふうに過ごしている。ガイドブックには載っていない旅をしている。

（角田光代《かくたみつよ》『世界中で迷子になって』より）

【問】傍線部「旅を実感させるようなことが起きる」とありますが、ここではどのようなことが起きるということですか。25字以内で答えなさい。

【練習問題2】次の文章を読んで後の問いに答えなさい。（二〇一九年　栄光学園中）

絶対音感はともかくとしても、新生児は「あらゆる言語のいかなる複雑な発音」も聴き分けるという驚異《きょうい》的な聴覚を持っています。成長に伴《ともな》って母国語にない発音、つまり聴くことのない音に対しては回路が薄《うす》れていきますが、さまざまな音を聞いている限り、「声に含まれる要素を聴き取る能力」は持ち続けています。

そのような聴覚の能力を、ほとんどの方は自覚的に使うことがありません。しかし私たちは「声という音」に含まれる要素を、ほぼ無意識裡《り》にではありますが、確かに読み取っているのです。

声という音は、話し手のじつに多くの情報を含んでいます。どのような情報かというと、身長、体格、顔の骨格、性格、育成歴、体調から心理状態まで。つまり、その人のほぼすべてです。

（中略）

読み取る、読み取らないにかかわらず、声にはその人のすべてが出てしまうということは、ちょっと頭の片隅で覚えておいてください。じつのところ、声はその人そのものなのです。

（山﨑広子《やまざきひろこ》『声のサイエンス』より）

【問】傍線部「声はその人そのものなのです。」とありますが、それはどういうことですか。60字以内で説明しなさい。

【練習問題3】 次の文章を読んで後の問いに答えなさい。（二〇一七年　栄光学園中）

〈これまでのあらすじ〉「ぼく」はふだん施設で暮らし、時おり自宅などに外泊している。施設内には、居住棟や学校・小児科棟などがあり、「ぼく」はそれらを行き来している。――

ぼくはついに、大きな決心をした。礼儀正しい子は今日で終わりにする。「ありがとう」も「すみません」も、これからは弟のヴィクトールと同じくらいしか言わない。まわりから、礼儀がなっていないと思われたって、かまわない。でも、口で言うのは簡単だけど、いざやるとなったらなかなかむずかしい。何しろ、ぼくは生まれつき両足と左手が不自由で、今、十二歳だというのに十年間も車いすで過ごしている。そんな人間にとって、礼儀正しくすることは、もはや体の一部だ。「ありがとう」なんて呼吸のようなものだし、いきなりやめるのは大変だ。

（クロディーヌ・ル・グイック＝プリエト作　坂田雪子訳『テオの「ありがとう」ノート』より）

【問】 傍線部「『ありがとう』なんて呼吸のようなものだ」とありますが、どういうことですか。40字以内で説明しなさい。

【練習問題4】次の文章を読んで後の問いに答えなさい。（二〇一八年　武蔵中・改）

「ロボットは、人間よりも価値のある存在である」

　こんなふうに言うと、技術とひとの命を比べるのはけしからん、機能や貨幣《かへい》に置き換えられる価値で人間の価値を測るな、と思うかもしれない。

　であれば、人間と別の動物を比べてみてはどうか。「命を大事にしましょう」と言うのなら、人間の命を何よりも尊いものだとする理由はなんだろうか。犬やネコの命も大事にすべきではないか。何の根拠があって、命に色をつけているのか。命を大事にするのであれば、人間とそれ以外の動物、あるいはそういったものを区別する理由はどこにあるのか。僕には、犬や猫の価値や生きる権利と、人間が生きる権利の差は、現代社会においては縮まっているように思える。

（石黒浩《いしぐろひろし》『アンドロイドは人間になれるか』文春新書より）

【問】「命に色をつけている」とあるが、ここではどのようなことをいうのですか。60字前後でわかりやすく説明しなさい。ただし、「色をつける」とは「物事の扱いに情を加える」ということを表します。

【練習問題5】次の文章を読んで後の問いに答えなさい。（二〇二〇年　女子学院中・改）

便利に、快適になった。が、そうしたシステムに漫然《まんぜん》とぶら下がっているうち、「つくる」という、生きる基本となる能力を損《そこ》なってしまった。気がつけば、調理すること、工作することはおろか、排泄《はいせつ》物を処理することも、赤子を取り上げることも、遺体の清拭《せいしき》や埋葬《まいそう》も、みずからの手ではできなくなった、いのちを繋《つな》ぐために世代から世代へと伝えられてきた技《わざ》をも損なってしまった。そんな技の根絶やし状態をとことん思い知らされたのは、大震災《しんさい》でシステムが停止もしくは破綻《はたん》したとき、つい6年前のことである。

（鷲田清一『濃霧の中の方向感覚』より）

【問】「そんな技の根絶やし状態」とは、どのような状態のことですか。70字〜90字で説明しなさい。

【練習問題6】次の文章を読んで後の問いに答えなさい。（二〇一一年　駒場東邦中）

澄子《すみこ》は直子《なおこ》の家へと向かいながら考えた。

今まで、どんな習い事をしても、つづかなかった。

お母さんにさそわれるがまま、習いだして、でもつまんなくなってやめる。

おかげで、五年生にもなって、得意なことひとつない。

そんな調子だから、あいまいな気持ちで、いい加減な気持ちで、うずに巻きこまれるみたいに、てっちゃんとカコの仲間になっていった。そして、直子が学校に来なくなったとたんに、やっぱり気になって、てっちゃんやカコ、クラスの女子までまきこんで、直子の家におしかけた。

私はまるで、お母さんに、てっちゃんやカコに、クラスのムードに、流されているだけの小船だ。舵《かじ》のない小さなボート。

（草野たき『教室の祭り』より）

【問】「舵のない小さなボート」は何をたとえていますか。20字以内で説明しなさい。

記述パターン❷　理由問題

【練習問題7】次の文章を読んで後の問いに答えなさい。（二〇一五年　巣鴨中）

「正統な寿司」の味を知っている日本人が、世界各地のスシの味を、日本人の味覚に合うかどうかで判断するのは自然なことかもしれない。そのいっぽうで、世界に「正統な寿司」の味を押しつけることが、外国の寿司屋、とくに日本人でないスシシェフの反発を呼ぶことも理解できるだろう。

外国のスシは、日本人の味覚に合わなくても、現地の人々の味覚に合わせることで寿司の世界的な普及《ふきゅう》に貢献《こうけん》しているという面もある。

たとえば、アメリカで生まれたカリフォルニアロールは、スシを、一部の人しか知らないエスニック料理から世界中で誰もが知っているメジャーな料理にした。日本でも最初は違和感《いわかん》を持つ人が多かったようだが、現在では逆輸入されてすっかり定着した。その意味では、世界各地のスシを頭ごなしに否定することもできないはずだ。

（河野至恩『世界の読者に伝えるということ』より）

【問】傍線部「世界各地のスシを頭ごなしに否定することもできない」理由を50字以内で答えなさい。

【練習問題8】 次の文章を読んで後の問いに答えなさい。（二〇一九年　成城中）

問題は「人間はどこまで動物か?」という問いかけの中にある。「どこまで?」というとき、スケール（尺度）は一本しかない。一本しかないスケールの上にいろいろなものを並べて、それぞれがどこまで到達《とうたつ》しているか?という発想に問題があるのである。

（中略）

動物行動学の研究が示してくれたのは、どの動物もそれぞれの個体が自分自身の子孫をできるだけたくさん後代に残そうとしていることは同じだが、そのやりかたは種によってまったく違うということである。

イヌはイヌなりの、ネコはネコなりの、そしてゾウはゾウなりのやりかたで生き、それぞれに子孫を残してきた。自分自身の子孫を残すという点ではまったく同じだが、そのやりかたはまったく違うのである。同じスケールの上で、どれがどこまで、という問題ではない。「ゾウはどこまでライオンか?」という問いは存在しえないのである。そしてそのことはだれでも無意識のうちにちゃんと知っている。

（日高敏隆『人間はどこまで動物か』（新潮社）より）

【問】 傍線部「『ゾウはどこまでライオンか?』という問いは存在しえないのである」とありますが、それはなぜか。それを説明した次の文の［　　］にあてはまる言葉を考えて、30字以上35字以内で答えなさい。ただし、「種」・「スケール」ということばを用いること。

ゾウとライオンは、［　　　　　　　　］。

【練習問題9】次の文章を読んで後の問いに答えなさい。（二〇一九年　栄光学園中）

人間の聴覚は、感覚器の中でも大変早くから発達します。胎児《たいじ》の時期、妊娠《にんしん》六か月ごろにはほぼ完成していますから、その頃から胎児は羊水《ようすい》を通じて、母親の声や外部の音を聞いています。羊水の中で聞いていた声はくぐもっていて、生れ出て空気を通して聞く母の声とはずいぶん違《ちが》うはずですが、新生児は自分の母の声を間違いなく認識し、他の母親の声と聞き分けることが実験によって裏付けられています。それどころか、お腹の中で聞いていた母の言葉、母国語に特徴的な発音に、生まれてすぐに反応することも確かめられました。この優《すぐ》れた聴覚は、生まれてからもさらに発達を続けます。

（山崎広子『声のサイエンス』より）

【問】傍線部「胎児は羊水を通じて、母親の声や外部の音を聞いています」とありますが、それがわかるのはなぜですか。50字以内で答えなさい。

【練習問題10】次の文章を読んで後の問いに答えなさい。（二〇一五年　芝中）

一九九五年、兵庫県で発生した阪神・淡路大震災により両親を失った丹華《にけ》は、医院を営む通称「ゼロ先生」の養子として育てられました。小学六年生になり、丹華は最近、男の子に初めて淡い恋心をいだき始めます。

好きになってしまったのだ。――生まれて初めて、男の子のことを。

彼の名前は、片山陽太。

いま、丹華と同じ、小学校六年生。ただし、同じ*長田《ながた》の子ではなく、神戸市内の岡本《おかもと》というところにある小学校に通っている。

初めて会ったのは、半年まえ。小学校五年生のときだった。復興住宅に隣接《りんせつ》するプレハブの「コミュニティルーム」の入り口付近で、ゼロ先生は、ボランティアに参加したいと申《もう》し込《こ》んできた片山のおじさんと陽太に「ぜひとも、よろしゅう頼《たの》んます」と、あいさつをした。

かたときも手放さないという、サッカーボールを片手に、最初陽太は、緊張《きんちょう》気味に、ちょっとぶすっとした顔だった。

丹華のほうも、初対面の男子にどう接したらいいかわからなくて、目を合わせられず、下を向いていた。

片山のおじさんとゼロ先生とは、会ってすぐに、ボランティア訪問について活発に会話を始めた。

陽太は、足もとのボールを、足先で、ちょいちょいと転がしていたが、ふと、顔を上げて、丹華のほうを見た。

丹華は、ボールに夢中になっている陽太のうつむいた顔をこっそり見ながら、（男子って、みんな、ボール遊びが好きやねんなぁ）と思っていたところだった。

目が合った瞬間《しゅんかん》、丹華の胸が、ことん、と音を立てた。小さな箱の中でビー玉が転がったような、ささやかな音。だけど、確かに、体のすみずみまで響《ひび》き渡《わた》る音。

（原田マハ『翔《と》ぶ少女』より）

＊長田＝神戸市の地区名

【問】傍線部「丹華は、ボールに夢中になっている陽太のうつむいた顔をこっそり見ながら、〈男子って、みんな、ボール遊びが好きやねんなぁ〉と思っていたところだった」とありますが、なぜ〈丹華〉は〈こっそり〉としか〈陽太〉のことを見られなかったのですか。その理由を20字以上30字以内で説明しなさい。

【練習問題11】 次の文章を読んで後の問いに答えなさい。（二〇一七年　武蔵中・改）

（注）小学校三年生の「ぼく」のおばあちゃんは急に倒《たお》れ、入院した。おかあさんは付《つ》き添《そ》いのために病院に泊《と》まり込《こ》むことがつづき、そのことが原因でおとうさんと不仲になっている。

おばあちゃんが退院したのは、つぎの週の火曜日だった。元気になったからではなくて、これ以上は病院にいても治療《ちりょう》のしようがないからだ。それなら自宅で介護《かいご》をしようと、おかあさんのきょうだいで話しあって決めたという。千夏《ちなつ》おばさんがおばあちゃんの家でくらして、みんなもできるはんいで手助けをする。ヘルパーさんの手も借りるし、近くのお医者さんも協力してくれて、おばあちゃんの様子が急変したときには夜中でも診察《しんさつ》にきてくれるとのことだった。

「健ちゃん。そういうわけだから、今度の金曜日はおばあちゃんのうちに泊まらない？」

おかあさんにさそわれて、ぼくの胸がドキンと鳴った。

――その夜に、おばあちゃんが死んだらどうしよう。

考えただけで、ぼくはこわかった。

「おとうさんも一緒《いっしょ》ならいいよ」

とっさに答えると、おかあさんが目をそらした。

「だって、ほら。おばあちゃんにもしものことがあったら、おかあさんひとりじゃたいへんでしょ。ぼくじゃあ、たよりにならないし」

せっかくいいアイデアをおもいついたのに、おかあさんは目をそらしたままだった。

おとうさんとケンカしてから、おかあさんはおばあちゃんの病室に泊まっていなかった。だからといって仲なおりをしたわけではなくて、土日のあいだも、おとうさんとおかあさんはほとんど口をきいていなかった。運動会が行われる来週の土曜までには、なんとかして仲なおりしてほしい。

「ぼくがおとうさんにお願いしてみようか？　おそい時間になってもいいから、おばあちゃんのうちにきてくださいって。それで三人で泊まろうって」

　おかあさんとは反対に、ぼくはウキウキしていた。たしか、おとうさんの会社からおばあちゃんのうちまでは地下鉄一本で行けたはずだ。

「わかったわ。今夜、おかあさんからおとうさんにお願いしてみる。でも、もしもおとうさんが無理だって言っても、おとうさんをきらいになっちゃダメよ」

　おかあさんは、自分に言いきかせているようだった。

（佐川光晴《さがわみつはる》『大きくなる日』より）

【問】「ぼくはウキウキしていた」とあるが、どうしてウキウキしていたのですか、50字以上70字以内で説明しなさい。

【練習問題12】次の文章を読んで後の問いに答えなさい。（二〇一三年　渋谷幕張中）

梅雨にはまだ間のある、よく晴れた日だった。健一たちは、駅から川越に向かう方向に、線路づたいに歩いて行った。何も音がしない。ただ風が吹いているだけだ。時折、線路に砂利か何かがあたる音が伝わってきた。振り返るとS駅が小さく見えた。線路の上を歩くのは、普段できないことだったから、歩いているだけで、ワクワクした。下りの線路を進んで行くと、人家がまばらになり、林の中に農家が点々と見えるだけになった。線路は遠くまで一直線に見える。普段見慣れない風景が広がって、最高の気分だ。時折、線路の隙間からトカゲが這《は》い出て、また隠れた。

健一は枯枝を手に持って、枕木をひとつずつ飛び越えて行くことに熱中していた。

やがて線路は鉄橋に差しかかった。明は斜視ぎみの目をこらして、遠くを見た。線路がキラキラ光って見える。少年たちは鉄橋の前で立ち止まった。そこからは百メートルにおよぶ鉄橋が続いている。健一は一歩前に出て下を見た。体が震えた。下には川が悠然と流れている。誰にもいわないが、健一は軽い高所恐怖症なのである。しかし子供の世界は、それをいったら、おしまいだ。何をされるかわからない。健一は体が震えた。皆が帰ろうといいだすことを祈った。

その時、明が、鉄橋を渡るべえといった。すぐにイタチ*が長靴を脱いで鉄橋を渡りだした。一番になろうとしたのだ。明もイタチに負けまいと鉄橋を渡りだした。

健一は黙ったままだ。肩のあたりに重いものが沈んでいるみたいだった。吉岡兄は気が進まないらしく、「おーい。本当に行くのかよ。俺、帰るよ」とぶつぶついいだした。

こいつも怖いのだと健一は思った。二人で踵《きびす》を返せばよかったものを、少年はそれができない。「お前、怖いんだろう」と震える声をなんとか抑えていった。

「ちがわい」吉岡兄はむきになって健一を睨《にら》みつけた。

（注）イタチ＝健一の友人の一人。

（永倉萬治『武蔵野S町物語』により）

【問】傍線部「むきになって健一を睨《にら》みつけた」とあるが、なぜ吉岡兄はこのような反応をしたのか。50字以上60字以内で答えなさい。

記述パターン❸　まとめ問題

【練習問題13】次の文章を読んで後の問いに答えなさい。（二〇一四年　巣鴨中）

ヨーロッパで有意義な旅をしようと思ったら、目的を持たないといけない。あの町にいってこの建築を見る。この列車に乗ってあそこにいき、だれそれの絵が飾《かざ》られている美術館にいこう。目的は具体的であればあるほど、多くあればあるほど、その旅は充実《じゅうじつ》する。ガイドブックに載っていないものを見ようと思ったら、それもまた、目的にしなければならない。わざわざガイドブックに載っていない場所を選び、そこに足を運ばなければならない。

そういうことが理解できてから、ようやく私はヨーロッパの旅に戸惑わなくなった。

（角田光代《かくたみつよ》『世界中で迷子になって』より）

【問】傍線部「そういうことが理解できてから、ようやく私はヨーロッパの旅に戸惑わなくなった」とありますが、「私」は、アジアの旅と違ってヨーロッパの旅にどういう特徴があると理解したのですか。60字以内で答えなさい。

【練習問題14】次の文章を読んで後の問いに答えなさい。（二〇一六年　芝中）

サクラは、夏にツボミをつくります。しかし、秋に花を咲かせないために、越冬芽《えっとうが》をつくり、その中にツボミを包み込みます。もし秋に花を咲かせると、冬の寒さがくるまでに子孫（タネ）をつくり終えないためです。

ほんとうにそうなら、サクラは、秋の間に、「冬がもうすぐやってくる」ということを知っていることになります。「ほんとうに、秋の間に、サクラは冬が訪《おとず》れることを知っているのか」という疑問が浮かびます。

越冬芽は冬の寒さをしのぐためのものですから、冬の寒さが訪れる前につくらねばなりません。気温が低くなり、寒くなってから急いで越冬芽をつくることができるほど、サクラの反応は鋭敏《えいびん》ではありません。

そのため、サクラは、冬の寒さが訪れることを寒くなる前に知る能力を持っていなければなりません。「ほんとうに、秋の間に、サクラは冬が訪れることを知っているのか」という疑問に対する答えは、「知っている」です。では、どのようにして、サクラは冬の寒さが訪れることを、寒くなる前の秋に知ることができるのでしょうか。

その答えは、「葉っぱが、夜の長さをはかるから」です。夜の長さは、夏から秋にだんだんと長くなり、かなり大きく変化します。このことは、夕方七時ごろでもまだ明るい夏に比べ、五時ごろには暗くなる秋を思い浮かべると、理解できます。

でも、ほんとうに、葉っぱが夜の長さをはかれば、冬の寒さの訪れを前もって知ることができるのでしょうか。この疑問に対する答えは、「できる」です。夜の長さは、六月下旬《げじゅん》の夏至《げし》の日を過ぎて、だんだんと長くなりはじめます。そして、夜の長さがもっとも冬らしく長くなるのは冬至の日です。この日は、一二月の下旬です。

それに対し、冬の寒さがもっともきびしいのは二月ごろです。夜の長さの変化は、冬の訪れより、約二ヵ月先行しているのです。ですから、葉っぱが夜の長さをはかっていれば、冬の寒さの訪れを約二ヵ月先取りして知ることができるのです。

だんだんと長くなる夜を感じるのは「葉っぱ」です。ところが、越冬芽がつくられるのは「芽」です。とすれば、「葉っぱ」が長くなる夜を感じて、「冬の訪れを予知した」という知らせは、「芽」に送られねばなりません。「どのようにして、葉っぱから芽に、その知らせは送られるのか」という疑問が浮かびます。

（田中修《おさむ》『植物はすごい　七不思議篇』より）

【問】傍線部「サクラは冬の寒さが訪れることを、寒くなる前の秋に知る」とありますが、そのために行われているのはどのようなことですか。それを15字以上25字以内で説明しなさい。

【練習問題15】次の文章を読んで後の問いに答えなさい。（二〇一六年　栄光学園中）

児島湾を住み場所としているウナギとアナゴでは、行動時間だけでなく、エサの種類も共通していた。やはり、彼らは児島湾の中で、食べ物をめぐって互いに競争しているのだろうか。

同じエサを食べる動物どうしが同じ場所に住んでいると、エサをめぐって競争になることが多い。競争では、競争相手に勝つためにエネルギーを使うので、その分自分が成長したり、子孫を残したりするためのエネルギーは減ってしまう。つまり、生物にとって、競争は基本的に損なのだ。多くの場合、生物は競争をしないですむように、バランスをとっている。たとえば、住む場所、行動時間、食べ物などを、異なる種類の生き物と、少しだけ生きかたをずらすことによって、競争を避《さ》ける。ウナギとアナゴも、競争ばかりしていたら、エネルギーのむだづかいだ。彼らは、本当に競争しているのだろうか。

（海部健三《かいふけんぞう》『わたしのウナギ研究』より）

【問】傍線部「エネルギーのむだづかいだ」とありますが、どういう点が「むだづかいだ」と言えるのですか。60字以上70字以内で説明しなさい。

【練習問題16】 次の文章を読んで後の問いに答えなさい。（二〇一四年　海城中・改）

バラエティ番組などでよく聞かれる「噛《か》む」という言葉があります。これはツッコミ側の言葉で、舌がもつれて上手くセリフが言えなかったことを指摘《してき》して、笑いを起こすことです。「いま、噛んだやないか！」という具合に使います。

この「噛む」を指摘するようなことに見られる、ややサディスティックな感覚を一般《いっぱん》の人たちも日常的によく使っています。

しかし、私にはそれを指摘しているときの彼《かれ》らの「他罰《ばつ》的」な気分がとても気になっています。相手を傷つけようというほどではないにせよ、先に攻撃することによって自分に降《ふ》り掛《か》からないように防御《ぼうぎょ》しているという心持ちが、端《はた》から見ていて気持ちが悪いのです。

政治家や力士など目立つ存在に対して、ネット上の匿名性《とくめい》のなかでおとしめたり、過剰《かじょう》に攻撃したりする風潮《ふうちょう》もあります。「失敗していない多数側」に自分がいることで安心感を得ているというわけです。

（槙田雄司『一億総ツッコミ時代』より）

（注）サディスティックな感覚＝相手に苦痛を与えて喜ぶ感覚。
匿名性＝誰であるかを明らかにせず、集団の中にまぎれている状況。

【問】 落ち度のある相手に対して、インターネット上で「炎上」に至るまで非難が集中したり、土下座を強要してまで相手をおとしめようとしたりする、現代のツッコミ意識の高まりには、人々のどのような気持ちが反映されていると考えられますか。「～気持ち。」につながるように、50字以上70字以内で答えなさい。ただし、次の二つの言葉を必ず用いること。

攻撃　**安心感**

【練習問題17】次の文章を読んで後の問いに答えなさい。（二〇一七年　海城中）

もうひとつ指摘《してき》しておきたいのは、「夢」という単語が、ほぼ必ず「職業」に結びつく概念《がいねん》として語られるようになったのは、この30年ほどに定着した、比較《ひかく》的新しい傾向《けいこう》だということだ。

昭和の中頃まで、子供たちが「夢」という言葉を使う時、その「夢」は、もっと他愛《たあい》ない、バカバカしいものだった。というよりも、「実現可能」だったりするものは、はなから「夢」とは呼ばれなかった。であるから、「看護師になりたい」とか「編集者になりたい」といった感じの、実現に向けてコツコツと努力しなければならないタイプの堅実な「夢」は、子供らしい生き生きとした「夢」とは見なされなかった。

それが、いつの頃からなのか、「夢」は、より現実的な「目標」じみたものに変質した。そして、現実的になるとともに、それは年頃の男女が、一人にひとつずつ必ず持っていなければならない必携《ひっけい》のアイテムとして、万人《ばんにん》に強要されるようになっている。

なんだかつらい話だ。

本来なら、退屈《たいくつ》な現実から逃避《とうひ》するためのヒーロー幻想《げんそう》であったり、叱《しか》られた小中学生が*うたかたの慰安《いあん》を求めて思い浮《う》かべる絵空事であった「夢」という多分に無責任な妄想《もうそう》が、就職活動の面接における必須《ひっす》ワードになっていたり、中高生が考える職業選びの土台になっていったりする現状は、今年の秋に60歳になる私の目から見ると、あきらかにどうかしている。

21世紀にはいって十数年が経過した現在、「夢」は、子供たちが「将来就《つ》きたい職業」そのものを意味する極《きわ》めて*卑近《ひきん》な用語に着地している。なんという、夢のない話であることだろうか。

（小田嶋隆「13歳のハードワーク」より）

＊注　うたかた＝水面に浮かぶあわ。はかなく消えやすいもののたとえ。
卑近＝日常的で身近な様子。

【問】傍線部「なんだかつらい話だ」とあるが、現在の子供が「つらい」状況におちいってしまったのは、「かつて」と「現在」とで夢と現実との関係がどう変わってしまったからだと筆者は言っているか。60字以上、80字以内でまとめなさい。

【練習問題18】次の文章を読んで後の問いに答えなさい。（二〇一一年　武蔵中・改）

＊この文章は、なだいなだ『わが輩は犬のごときものである』の一節です。文中「ぼく」は、動物達に対する人間のはなもちならぬ優越感《ゆうえつかん》をすてて、自分自身を「犬のごときもの」として書いています。

①「笑い」と「なき」は、似たところをさがそうと思ってみると、非常に似ている。ひとつ、似ているところを数えあげてみよう。たとえば、両方とも、典型的なものは、リズミカルな呼吸運動を基本にしているというところだ。リズムの緩急《かんきゅう》のちがいはあるが、リズミカルであるという点は共通している。両方とも、顔をしわくちゃにする表情運動であるところも似ている。あまり似ているものだから、人によっては、表情を見ているだけでは、笑っているのか、ないているのか、区別がつかないことさえある。ことに、しわだらけの婆《ばあ》さんには、とまどわされる。なき声と笑い声の区別のつかない人もままある。ハッハッハッといいながらないている人に会って、びっくりしたことがあった。涙はなきに特徴的《とくちょうてき》だということになっているが、諸君だって経験がおありだろうが、笑いすぎると涙は出る。笑いも、まわりの人間をひきこんで攻撃性《こうげきせい》をおさえる働きを持つが、なきも同様に、まわりの人間に同情を呼びおこし、攻撃性をおさえさせる。こうやって、似たところを見れば、ぼくたちは、これまで二つを対照させてきたことを忘れ、笑いとなきは、同じところに根を持ち、分化してきたものであることを知るのだ。

（中略）

さて、ぼくら犬のごときものは、赤ん坊の時に、まずオギャーオギャーなきをする。

（中略）

オギャーなきは、区別されるのが当然で、本質的には「なき」とは呼べない。悲しいという感情がともなっていないからだ。それは、腹がへった、のどがかわいた、痛いところがある、不快なところがある、といったことを大人《おとな》に伝えるための信号にすぎない。もちろん、オギャーなきは、涙ぬきである。

赤ん坊から、子供に成長し、自立への道を歩みはじめるころから、ぼくたち犬のごときものは、ほんとうになきはじめる。つまり涙の出るなきをはじめる。このなきを他の動物がするかどうか、それがしばしば問題にされてきたのである。そして、その頃《ころ》から、②オギャーはウェーンに発声が変わる。他の大人と競争的な位置に立たされるが、まわりの攻撃性をまともに受けてはたまらない。そこで、攻撃性を一時的におさえる。その役割が、微笑《びしょう》と「なき」に与えられるというわけだ。微笑は攻撃性をおさえる先兵であり、それでだめだとわかると「なき」が第二陣《だいにじん》として登場する。加えられはじめた攻撃を中止するためだ。

（なだいなだ『わが輩は犬のごときものである』より）

【問一】 傍線部①「『笑い』と『なき』は、似たところをさがそうと思ってみると、非常に似ている」とあるが、「ぼく」が「似ている」と考える、「笑い」と「なき」の共通点を80字以内で説明しなさい。

【問二】 傍線部②「オギャーはウェーンに発声が変わる」とあるが、「オギャー（なき）」と「ウェーン（なき）」には、どのような違いがあると「ぼく」は考えていますか。150字以内で説明しなさい。

記述パターン❹　気持ち問題

小学三年生の茜《あかね》は、お母さんといっしょに大きな街から引っ越《こ》してきて、今は忠志《ただし》おじさんと泰子《やすこ》おばさんの家に住んでいます。

【練習問題19】次の文章を読んで後の問いに答えなさい。（二〇一九年　開成中・改）

このあたりに住んでいるピープル（＝人）たちはお互《たが》いに知り合いで、新入りの茜たちのことを同じピープルとは思っていない。最初は親切でも、しばらくここに住むとわかると、とたんに警戒《けいかい》する目つきになる。泰子おばさんもそうだ。母ちゃんが「しばらくお世話になります」と言ったときには、「ずっといていいんだよ」と笑ってくれたのに、泰子おばさんの「ずっと」は十日間ぐらいだった。最近は茜が、おはよう、おやすみなさい、とあいさつしても、返事をしてくれない。「いただきます」のときは、たんぼを荒《あ》らすカラスを見る目つきになる。母ちゃんにわざと聞こえるように忠志おじさんに言う。いつまでいる気だろうね。あんた、きちんと食費をもらってよね。

（荻原浩『空は今日もスカイ』より）

【問】傍線部「たんぼを荒らすカラスを見る目つきになる」とありますが、ここで茜は泰子おばさんのどのような気持ちを読み取っていますか。30字以上45字以内で説明しなさい。

【練習問題20】次の文章を読んで後の問いに答えなさい。（二〇一五年　麻布中）

就職が決まらない鵜川《うかわ》潤平《じゅんぺい》は、アパートのとなりの部屋に住む小学生の勝野勇大《ゆうだい》と、ライギョつりを教えることを通じて親しくなり、料理なども教える関係になっています。

日曜日の午前中も、二人でライギョつりをした。前回よりも長い時間、勇大にロッドを持たせてやったところ、やや小ぶりな二匹をつりあげた。特に二匹目の五十センチ台の方は、潤平はほとんど指示を出さずに「あそこにいるみたいだぞ」と教えてやっただけだったので、勇大が一人でつったものといえた。

その週の水曜日にもいっしょに夕食を食べた。このとき、潤平は見守るだけで、ほとんどを勇大にやらせた。飯はちゃんとたけており、みそしるの味もまあまあの出来だった。勇大は食べながら何度も「おいしい」と喜んでいたが、多分それは自画自賛ではないのだろう。きっと、自分で作ったということや、だれかといっしょにそれを食べるということが、味を格別なものにしているのだ。

次の日曜日は残念ながら雨が降っていた。潤平がもしやと思ってドアを開けると、勇大がアパートの鉄階段のところに座って、空を見上げていた。「今日はだめだな。また今度な」と潤平が声をかけると、勇大は少しがっかりしたように「うん」とうなずいて、自宅にもどった。

（山本甲士《こうし》『あたり　魚信』より）

【問】傍線部「勇大がアパートの鉄階段のところに座って、空を見上げていた」とありますが、このときの勇大の気持ちを40字以上60字以内で説明しなさい。

【練習問題21】次の文章を読んで後の問いに答えなさい。（二〇一五年　麻布中）

就職が決まらない鵜川潤平《うかわじゅんぺい》は、アパートのとなりの部屋に住む小学生の勝野勇大《ゆうだい》と、ライギョつりを教えることを通じて親しくなり、料理なども教える関係になっています。
ある日、潤平のもとに、勝野勇大の担任の横山先生が訪ねてきます。

横山先生は「勝野君、最近になって急に元気が出てきたというか、目のかがやきがちがってきましてね」と切り出した。「それまではおとなしいというか、おどおどしているというか、自信のなさそうなところがあって、クラスメートからも軽く見られて、ばかにされているような感じだったんですよ。だから心配していたんですが」横山先生は相変わらず小声だった。「本人に事情を聞くタイミングをはかっていたところだったんですが、かれが書いた作文でわかりました」

横山先生はそう言って、原稿《げんこう》用紙を出してよこした。「かれは作文を書かせても一枚分でもなかなか書けない子だったんです。そのかれが、ものすごい勢いで一気に三枚も書いたんですよ」

〔ライギョつり〕という題名の作文だった。となりに住んでいるお兄ちゃんにライギョつりを教わったことが書かれてあった。文章は*つたないが、勇大がライギョつりに夢中であることや、初めてつり上げたときの興奮などが伝わってくる内容だった。さらには、ライギョの生態や*ルアーフィッシングの方法とマナー、できるだけライギョにダメージを与えないようにつることが大切だといったことも書かれてあった。

読み終わったのを確認《かくにん》して横山先生が「いい作文だと思ったので、授業で本人に朗読させたんですよ」と続けた。「それ以来、他の男子児童たちの勝野君に対する態度も変わったような気がします」

へえ、そうだったのか。潤平は心の中で、もしかしておれのおかげ？と少々鼻を高くした。

（山本甲士《こうし》『あたり　魚信』より）

＊つたない…下手であること
＊ルアーフィッシング…小魚や虫などに似せてつくったつり針（ルアー）を用いて行うつり

【問】傍線部「潤平は心の中で、もしかしておれのおかげ？　と少々鼻を高くした」とありますが、このときの潤平の気持ちを40字以上60字以内で説明しなさい。

【練習問題22】次の文章を読んで後の問いに答えなさい。（二〇一六年　駒場東邦中・改）

かつて隣の家に住んでいた、私の「理想の男性」である順ちゃんが、九年ぶりにアメリカから帰ってくることになり、姉と私は順ちゃんからの電報を待っています。

待ちに待った順ちゃんからの電報が来た時、私たちは玄関《げんかん》にいた。おねえさんは会社へ、私は学校にいこうとして。

配達さんの手にあるのが、外国電報とわかったとたん、私は「わっ……」と声をあげた。

「おねえさん、来た！順ちゃんからよ！」

おねえさんは、私がさわぎたてる時のくせで、ちょっと眉《まゆ》をよせてみせ、そのくせ、配達さんには、あいそよく笑って、

「御苦労《ごくろう》さま！」

電文には、"Arriving Saturday. PAA Flight I. Jun."（「土曜日ＰＡＡフライトＩで着く。順」の意）とあった。

「フライトＩって、なんだろ。」と私はせきこんで言った。

「飛行機のナンバーよ。それで時間がわかるのよ。あたし、きょう、交通公社（旅行業務をあつかう公共企業）で聞いてみるわ。さあ、いよいよやってくるのね！」

静かな姉も、さすがに昂奮《こうふん》したように言って、私たちは、十月はじめのその朝、足どりも軽く駅にいそいだ。

その夕、おねえさんが帰って、順ちゃんの飛行機は午後十時十五分とわかった。私には、それまでの二、三日が、ワクワクの連続だった。とにかく、順ちゃんといえば、私たちにとっては、まったくとくべつな存在だったから。

（中略）

順ちゃんのつく日は、あいにく、霧《きり》がたちこめていた。爆音《ばくおん》が大きくなったと思うと、もうその大きな飛行機は、滑走《かっそう》路《ろ》を私たちの方へすべってくるところだった。

私は送迎《そうげい》所の手すりからのりだして、窓だけ明るい飛行機を、じっと立っていられない気もちで見つめていた。あの中に順ちゃんがとじこめられている!すぐタラップが飛行機の胴《どう》中にくっついて、係員らしき人が、上ったりさがったりしてから、やっと乗客たちが、出口にあらわれた。一人出てくる毎《ごと》に、どこかで声があがった。十五、六人めに、うす水色に見えるコートに、あさ黒い顔の青年が、照明の中にうきあがった。

「わァ順ちゃんだ!」間髪《かんぱつ》を入れずに、私はどなった。

「およしなさいよ、そんな声だすの。まだよくわからないじゃないの。」

でも、私の声は、もうとまらなかった。だって、順ちゃんが、手をふったのだもの。

「順ちゃあん!」私も手をふった。

姉も声をかけだした。いま、おとなりに住んでいる板倉さんの人たちも呼んだ。

順ちゃんは、タラップをおりてくると、うれしそうに笑いながら、私たちの足下《あしもと》まで来て、手をふり、それから、税関の中へ消えた。

私は、もうはァはァになって、姉の手をひっぱって、税関の出口の階段の上へまわった。

ジリジリする二十分がすぎて、検査のすんだ四、五人が出てきたが、その中に順ちゃんがいた!まあ、ダディーにそっくり、と私は思った。順ちゃんは、階段をかけあがってくると、そこに立ちならぶ人垣にざっと目をさらし、笑顔《えがお》でまっすぐ私のところへやってきて、

「ヤス!……」

「あら、あたし、とも子よ！」私は、ぎょうてんして言った。私の耳にも、私の声が悲鳴にきこえた。

順ちゃんは、正直にぱくっと口をあけ、「え、とも子こんなに大きくなったの！」というまに、順ちゃんの目は、私のななめうしろに立っている、ひっつめ髪《がみ》（無造作にゆった女性の髪型）のおねえさんをさがしあてていた。

「ヤス！」順ちゃんは、私のわきをすりぬけて、おねえさんの手をとっていた。

みるみるうちに、おねえさんの目に、涙《なみだ》がいっぱいにたまった。

もちろん、私には……、その時、おねえさんの頭に去来した、いろんな思いが、わかった。戦争のこと、両親の死、それから三宅家のさしのべてくれたあたたかい手。

でも……、同時に私には、この再会のシーンは、ショックだった。

おねえさんは笑って、すぐ涙を払《はら》うと、順ちゃんを、かれが、これから同居する板倉家の人たちに紹介《しょうかい》した。そして、私たちは、にぎやかに家に帰ってきた。

その晩、私はよく眠《ねむ》れなかった。

なんて思いがけない、へんてこなことになってしまったんだろ、と私は思った。私は、それまで勝手に順ちゃんを、私のプリンス・チャーミング（おとぎ話でシンデレラと結婚する王子）にきめていたんだ。順ちゃんは、眠り姫（王子のキスで目をさますおとぎ話の主人公）の私の目をさましに、日本にやってくるはずだった。それなのに……ことによったら、あの時、十七だった順ちゃんには、二十二のおねえさんが、初恋《はつこい》の人だったんじゃないかな……。

（石井桃子『春のあらし』より）

【問】本文中の［　］で囲まれた箇所での、私の順ちゃんへの気持ちの変化を80字以内で説明しなさい。

【練習問題23】次の文章を読んで後の問いに答えなさい。（二〇一八年　市川中）

中学三年生の雅之《まさゆき》君は元イラストレーターでホームレスのバンさんに、たびたび絵の手ほどきを受けていた。バンさんから絵の新しい可能性を学び、ますます絵画にのめり込《こ》んでいく雅之君。そんなある日、多摩川《たまがわ》周辺が大型台風に襲《おそ》われる。橋の下で暮らしていたバンさんを心配する雅之君は河原に向かった。

わずかな水溜《た》まりのなかで、ザリガニが泥《どろ》の輪を作った。まわりは干上《ひあ》がっている。雅之君はザリガニの尻尾《しっぽ》をつかんでバケツに入れると、また流れまで運んでいった。すると途中《とちゅう》で深い泥にはまり、制服《せいふく》のズボンを汚《よご》した。泥だらけのバスケットシューズは自分で洗うつもりだったが、ズボンは自信がなかった。母親がぶち切れた時の、半ば悲鳴のような声を雅之君は覚悟《かくご》した。

バンさんに会わなくなったのも、母親のその声がきっかけだった。

橋の下にいる雅之君を偶然《ぐうぜん》見かけたという近所の人から、ご丁寧《ていねい》にも電話がかかってきたらしい。母親は問いつめてきた。しばしの沈黙《ちんもく》のあと、雅之君は答えた。ホームレスのバンさんと空き缶《かん》をつぶしていたと。

迷いはあったが、雅之君が正直なことを言ったのには理由があった。

教室でも美術部でも、雅之君が一人浮《う》いていることを母親は常々心配し、口にした。だから、親しい人ができた、安心していいよという意味で言ったのだ。しかし母親は「なぜあんな人たちと！」と叫《さけ》び、そのまま顔を覆《おお》って泣き出してしまった。

「なんで？　自分がなにをやっているのかわかっているの？」

雅之君はうろたえた。ホームレスにいい感情を持っていない人たちがいることを雅之君は知っていた。雅之君だって、バンさんと初めて言葉を交《か》わした時は恐《こわ》かったし、緊張《きんちょう》した。でも、ここまでの反応《はんのう》を見せる母親が雅之君には理解できなかった。まるで犯罪者《はんざいしゃ》呼ばわりだった。バンさんとつき合っていると言った自分までも、母親は許さないといった目の色で見るのだった。

（ドリアン助川《すけがわ》『台風のあとで』より）

【問】傍線部「しばしの沈黙のあと、雅之君は答えた」とあるが、ここでの雅之君の気持ちを80字以内で説明しなさい。

❺ 総合問題

【練習問題24】次の文章を読んで後の問いに答えなさい。（二〇一九年　成城中／海城中／栄光学園）

中学二年の九月にマレーシアから日本の中学に編入した「わたし」（花岡沙弥《はなおかさや》）は、通学を始めてから間もなく、中学三年の図書委員である「佐藤先輩」（佐藤莉々子《りりこ》）から声をかけられ、吟行《ぎんこう》（短歌・俳句などを作るために、名所などに行くこと）に連れていかれる。りりしい姿で本の返却《へんきゃく》をうながす佐藤先輩は、学校では「督促《とくそく》女王」というあだなで呼ばれている。「わたし」はそんな佐藤先輩と仲よくしていることを知られたくないあまりに、自分は無理やり吟行に連れていかされているだけなのだとクラスメートに言うが、それを佐藤先輩に聞かれてしまった。


翌日の昼休み、佐藤先輩は図書室の書架《しょか》の整頓《せいとん》をしていた。

「昨日、吟行するんじゃなかったんですか？」

わたし、待ってたんですけど、ということをアピールするように、わたしは少し口をとがらせた。

「もう行かないよ。」

「え？」

「花岡《はなおか》さんと吟行はしない。」

佐藤先輩はわたしのほうを見ず、本の背ラベルに目を向けたまま言った。

「わたしといるところを見られるの、嫌《いや》なんでしょ？」

ああ。

昨日の給食の時間、自分の口から飛び出た言葉を思い出す。

『①無理やり連れていかれるだけなんだよ。ほんとは迷惑《めいわく》！』

あの言葉が聞こえていたなんて……。

②わたし、サイテーだ。

「ごめんなさい。あの……。」

ちがうんです、と言おうとしたけれど、言えなかった。

何も、ちがわないじゃないか。

下級生からも変わり者扱《あつか》いされている佐藤先輩と、仲よくしていることを周りに知られるのが嫌だった。

わたしまで変わり者のカテゴリーに入ってしまうと思ったから。

なのに、二人でいるときは仲よくしたいなんて、虫がいい。

佐藤先輩の気持ちなんて考えていなかった。

（中略／その後、佐藤先輩に謝った「わたし」は、佐藤先輩のことをより深く知りたいと思うようになる。佐藤先輩も沙弥と同じく転校生であった）

「あの、さっき、佐藤先輩は音楽大学の付属から転校してきたって言ってましたよね？理由とか、そのころのこと、きいてもいいですか？」

知りたかった。

転校生としての佐藤先輩の顔を知りたかった。

わたしみたいに周りの反応を気にしない。いつも堂々としている。転校生という条件はわたしと同じなのに、どうしてなんだろう。

「逃《に》げたかったから」

一瞬《いっしゅん》、聞き間違《まちが》いかと思った。

③それくらい、逃げなんて、佐藤先輩らしくない言葉だ。

「わたし、親の希望で三歳《さい》の誕生日からピアノを始めたの。でも音楽大学の付属中学に入ったら、自分に全然才能がないことがよく分かったんだ。入学する前はここで一番になってやるなんて思ってたけど、実際は毎日が敗北感でいっぱいだったよ。その場にい続けるのがつらくて公立に転校したんだよね。それからもしばらくは、自分は逃げたんだっていう負い目でいっぱいだった。」

敗北感。逃げ。負い目。立て続けにそんな言葉をこぼす佐藤先輩は、わたしが知っている佐藤先輩じゃないみたいだ。

（こまつあやこ『リマ・トゥジュ・リマ・トゥジュ・トゥジュ』（講談社）より）

【問一】 傍線部①「無理やり連れていかれるだけなんだよ。ほんとは迷惑《めいわく》！」とありますが、「わたし」がこう言ったのはなぜか。その理由を、45字以上50字以内で説明しなさい。ただし、「～ことによって、～から。」の形で答えること。

【問二】 傍線部②「わたし、サイテーだ」とありますが、どのようなところを「サイテー」だと考えているのか。60字以上、80字以内で説明しなさい。

【問三】 傍線部③「それくらい、逃げなんて、佐藤先輩らしくない言葉だ」とありますが、「わたし」がそのように感じたのはなぜですか。40字以内で答えなさい。

【練習問題25】次の文章を読んで後の問いに答えなさい。（二〇一七年　駒場東邦中・改）

――第二次世界大戦（日本が中国やアメリカと戦っていた戦争）の終わりの頃《ころ》、八才の茉莉《まり》は自分の家と近所に住む朝比奈《あさひな》の家の二つの家でかわいがられて育っていた。本文は、激しい空襲《くうしゅう》（飛行機からばくだんを落とし、工場や町を焼きはらうこと）を受けた後、みんなを探しながら茉莉が焼け跡《あと》を歩く場面から始まっている。

長く続く塀際《へいぎわ》には、幾人《いくにん》もの人がうずくまったまま、動かないでいた。外で空襲に遭《あ》ったときは塀に沿ってうずくまり、爆風《ばくふう》でやられないよう親指で耳をふさぎ、その他の指で目を押《お》さえるように教わっていた。動かない人たちは、茉莉もこれまで何度も訓練した防空訓練通りの退避《たいひ》姿勢を取っていた。

久保山《くぼやま》（横浜市の地名、墓地がある）のほうから坂を降りてきた男が、うずくまる女の横で塀に背もたれて動かない男の懐《ふところ》に手を入れて、財布《さいふ》を抜《ぬ》き取った。茉莉が見ていることに気づくと、茉莉にむかってにやっとわらい、別の人のそばに行って、またその懐に手を突《つ》っこんだ。

①<u>茉莉は踵《きびす》を返し、家のあった場所に駆《か》けもどった。</u>

日が暮れると、黒い雨が降ってきた。茉莉は自分の家の焼け跡で、焼けた板の下に体を半分さしいれ、少しでも雨にぬれないようにして眠った。五月の末なのに寒く、猫《ねこ》を抱《だ》いてぬくもりにした。母はいつものら猫にえさをやっていたので、生き残った近所の猫たちはみな茉莉に馴《な》れていた。破裂《はれつ》した水道管から水がちょろちょろ流れていた。茉莉は喉《のど》が渇《かわ》くと、猫と一緒《いっしょ》にぺちょぺちょとそれを飲んだ。その日、空襲の後で茉莉が口にできたものはそれだけだった。

あくる朝、茉莉が朝比奈の家の庭で猫を抱いてすわっていると、近所の人たちが十人ほど入ってきた。茉莉がいることに気づくと、だれもが見てはいけないものを見てしまったように目をそらした。茉莉は家によく来ていたおこじきさんを、そしておこじきさんを見た人の顔を思いだした。そういう風に見てはいけないと、茉莉の母はいつも言っていた。

おこじきさんだって、好きでしてるんじゃないんだよ。

茉莉は母の言葉を思いだし、初めて、その言葉を本当に理解した。

近所の人たちは茉莉に声もかけずに庭を掘《ほ》りはじめた。そして、朝比奈の母が育てていた、まだ小さいじゃがいもを掘りかえし、庭で火を熾《おこ》して、鍋《なべ》で煮《に》はじめた。醤油《しょうゆ》と砂糖《さとう》の香《こう》ばしいにおいがあたりに広がっていた。

煮っころがしができると、近所の人たちは、茉莉がいつもままごとをしていた阿波青《あわあお》（徳島名産の青い石）の上に鍋を置き、小皿に取り分け、石の上に並べはじめた。

そのじゃがいもは、おばあちゃま（朝比奈の母を茉莉はこう呼んでいた）のじゃがいもなのに。

茉莉は猫を下ろし、思わず石のそばに近寄った。文房具屋《ぶんぼうぐや》のおばさんが茉莉の前にじゃがいもをよそった皿を置いて行った。

「茉莉ちゃん。朝比奈さんも死んじゃったわね。茉莉ちゃんかわいがってもらってたから、茉莉ちゃんが一番にお上がりなさいよ」

近所の人たちはめいめいに皿を取って、食べはじめた。空襲前、このじゃがいもは白い花を咲《さ》かせていた。茉莉は花をむしってごはんにし、この石の上で遊んだ。朝比奈の母は茉莉を叱《しか》らず、ただ、「この白い花はおばあちゃまはだいすきなのよ」と言った。茉莉は皿のじゃがいもをぼうっと見ながら、そう言った朝比奈の母の顔を思いだしていた。

そのとき、隣《となり》にすわっていた近所のおじさんが、自分の箸《はし》で、茉莉の皿のじゃがいもを突き刺《さ》して取って食べた。X茉莉は声を上げることもできなかった。その間に、もうひとつ、もうひとつ、と取って食べられ、茉莉の皿は空になった。

まだ鍋にはじゃがいもが残っていた。茉莉はそれを求める手段を知らなかった。これまで、求めなくても、いつも与《あた》えられてきた茉莉だった。茉莉は猫を抱き、朝比奈の家の庭を出た。

自分の家の焼け跡に戻《もど》ると、瓦礫《がれき》で見えなくなっていた防空壕《ぼうくうごう》（空襲時にひなんするために掘った穴）の入り口がいつの間にか片付けられ、入れるようになっていた。中は焼けていなかった。その晩はその中にもぐりこんで眠った。

翌朝、特別配給（食べ物などが配られること）があったらしく、町内の人たちがこどもたちにキャラメルを配りはじめた。こどもたちは喜んで歓声《かんせい》を上げた。だれもがキャラメルなんて、いつから食べていなかったのか忘れてしまうほどだった。茉莉はその声を聞いてそばに寄っていったが、白い割烹着《かっぽうぎ》を着たおばさんは茉莉にくれなかった。

同じ隣組《となりぐみ》（戦時中に作られた地域住民の組織）の家の焼け跡の前を通り、その家の防空壕に、青い布団《ふとん》が引きこまれているのが見えた。その青い布団には見覚えがあった。弟の枕元《まくらもと》で母が解いていた晴れ着の綸子地《りんずじ》（光たくのある布地）だ。思えば、茉莉の家の防空壕には布団の他にも、食糧《しょくりょう》や衣類など、いろいろなものがしまわれていたはずだった。父や母がせっせと運び入れていたのを、茉莉は見ていた。けれども、防空壕の入り口はいつの間にか開いて、いつの間にか物は失われていた。

（中略／その後、茉莉はもらったキャラメルを別のおばさんに奪われてしまう。）

茉莉は母や父たちが死んだということが、やっとわかりはじめていた。生きていれば茉莉のそばにいてくれるだろうし、茉莉に食べものをくれるだろうし、膝《ひざ》にものせてくれるはずだった。

自分のそばにだれもいないということは、母も父もみんな死んだということ。そして自分は生きている。

道に倒れている人たちは死んでいた。踏《ふ》んづけてしまいそうになった。自分と同じくらいの年の女の子も死んでいた。おかあちゃまもおとうちゃまもみんな死んでいる。だからここにいない。

わたしだけは生きている。

茉莉には世界がちがって見えた。自分だけがいて、あとの人たちはみんな自分以外の人たち。たくさんの自分以外の人たちがいる。死んでいる人も生きている人も、数えきれないほど。

そして、生きている自分は、決して死にたくはなかった。

茉莉が階段に横たわっていると、雀《すずめ》が飛んできた。

見渡《みわた》す限り焼け野原となって緑がなくなった景色の中、茉莉が動かないので気づかないのか、雀たちは茉莉の目の前でぱたぱたと羽ばたきをした。

茉莉は雀たちをかわいいと思った。茉莉はいつでも、きれいなものとかわいいものがだいすきだった。

「ちいちいぱっぱ　ちいぱっぱ
　雀の学校の先生は
　むちを振《ふ》り振り　ちいぱっぱ」

茉莉は歌った。空襲でひとりぼっちになって以来、初めて歌った歌だった。

すると、どこかから声がした。

「茉莉ちゃーん」

茉莉は目を開き、それまで自分が目をつむっていたことに気づいた。

「茉莉——」

開いたばかりの茉莉の目に、勝士《まさるし》と清三《せいぞう》（朝比奈の家の息子たち）が運動場を走ってくるのが映った。

「茉莉ちゃん、生きていたんだね！」

二人とも、顔も国民服（戦争中に着用すべきとされた軍服に似た服）もすでに真っ黒だった。

茉莉は起きあがり、そのとき初めて、声を上げて泣いた。

「どこにいたの、茉莉は」

「ごめんね。茉莉ちゃん、みつけてあげられなくて」

勝士は茉莉を抱きしめて言った。

いくら泣いても、「茉莉ちゃんは歌が上手《じょうず》だねー」と褒《ほ》めてくれた朝比奈の母はもういない。

「死んじゃったと思っていたよ。よく生きていたね」

「おなかすいたろう。さあ、これ食べな」

勝士は手のひらに高粱《コーリャン》（穀物の一種）のまじったおむすびをのせてさしだしてきた。

「炊《た》き出しがあったんだよ」

「ぼくたちはもう食べたから」

茉莉はおずおずと手をのばした。久しぶりの食べ物に、頭は飢《う》えていたが、食べ方を忘れたように口が動かなかった。

ゆっくりかみしめながらおむすびを食べている間、二人はうれしそうに茉莉が食べるのをみつめていた。

（中略）

「食べるものがなくてね、ぼくたち、革靴《かわぐつ》の底の革を食べたんだよ。そしたらおなかをこわしちゃって」

清三が言った。

「靴《くつ》の底が焼けてするめみたいになってね、おいしそうだったんだよ」

茉莉はわらった。

勝士はその笑顔《えがお》をじっとみつめて言った。

「茉莉ちゃん、本当によく生きていたね。朝ごはんを二回食べたのがよかったのかな（空襲の日の朝、茉莉は自分の家と朝比奈の家のそれぞれで朝食をとった）」

「そういえばそうだったね」

清三がわらった。

「ぼくも食べてりゃよかったよ」

「かっちゃんはどこにいたの？」

「蒲田《かまた》に建物疎開《そかい》（空襲時の延焼を防ぐため、あらかじめ建物を取りこわすこと）に行っててね、横浜《よこはま》が焼けるのを見てた。真っ黒い煙《けむり》に焦《こ》げた紙が蒲田まで飛んできてね、もう横浜は終わりだって言って、電車もみんな止まっているから歩いて帰ってきたんだ。家があんまり焼けているから、きっと逃げてるんだろうと思って、救護所をあっちこっち、探して回ってた」

「ぼくは学校（清三は関東学院に通っていた）の兵器庫に避難《ひなん》してた。バケツリレーして本館が焼けるのを食いとめてね。院長先生は立派なおひげを焼かれてしまわれたんだよ」

　清三はおどけて言った。茉莉はわらった。

「清三は焼けだされた人たちを助けてたんだよ。それで学校の救護所でやっと会えてね、それから二人で探したんだけど、でもどこへ行ってもいなくてね。黄金町《こがねちょう》の駅前の広場に死体の山ができてるからって、そこへ行って、筵《むしろ》（わらなどを材料にして編んだしき物）をめくって見てね、でもわからなくて。市電通りもトタンをかぶせてあるのをめくって見てね。久保山にも死んだ人が集められて山になってたから、見に行った。どうしてもわからないから、もういっぺんここを探してみようと思ったんだよ」

「茉莉はどこにいたの？」

「運動場の防空壕」

「茉莉ちゃんだけ？」

　勝士に訊《き》かれ、茉莉はおずおずと頷いた。清三はすすと血に汚《よご》れた手で顔を覆《おお》った。

「そうか」

②けれども勝士は茉莉にわらって見せた。

「じゃあ、やっぱり、みんな、ここにいるね。みんなを探してあげないとね」

（中略／その後、茉莉の両親と茉莉の弟、朝比奈の両親の遺体が見つかる。勝士と清三、茉莉は遺体を焼き、茉莉は両親と弟の骨をひとつにして白木の箱に入れ、白い布で包んだ。）

清三は近所で炊き出しがないか、探しにでかけた。茉莉は清三に割ってもらった電信柱のかけらを噛みながら、勝士と焼け跡を片付け、金に換《か》えられそうなものがないか探した。昼近くなって戻ってきた清三は、新聞紙の包みを持っていた。

「どうしたんだ、それ」

勝士がおどろいて訊《たず》ねた。

「曙町《あけぼのちょう》の工事現場で拾ってきた」

清三は阿波青石の上で新聞紙を広げた。中からアルマイト（アルミニウムを加工したもの）の弁当箱が出てきて、蓋《ふた》を開けると、高粱と菜っ葉の混じったごはんが詰《つ》められていた。黄色いたくあんも添えてある。茉莉は唾《つば》を飲んだ。

「すごいだろう」

清三が言いおわらないうちに、勝士は弁当を取りあげた。荒々《あらあら》しく蓋をしてばさばさと新聞紙で包み直す。久しぶりのごちそうは夢のように消えた。

「戻してこい」

勝士は弁当を清三の前に突きだした。

「おまえのやったことは泥棒《どろぼう》だ」

勝士の顔は真っ赤だった。

「お母さんとお父さんが生きていたらどれだけ嘆《なげ》かれるか。すぐに戻してこい。いや」

勝士は清三の腕《うで》を摑《つか》み、歩きだした。

「兄さんも一緒に行く」

清三はうなだれたまま、勝士についていった。

茉莉は阿波青石に腰掛《こしか》け、猫を抱いて二人が戻ってくるのを待った。一目だけ見た弁当が消えてしまったことが残念でたまらなかった。けれども、勝士の言葉はそれ以上に胸につきささった。

泥棒。

人の弁当を見て、食べられることを喜んだ自分だって、清三と同じ、泥棒だった。

死体の懐に手を入れたおじさん、じゃがいもを取ったおばさん、キャラメルを奪ったおばさん、青いお空の布団を盗んだ近所の人。あんなに憎《にく》いと思ったのに、自分だって同じだった。

茉莉は自分の手のひらを見下ろした。ぎゅっと開かれて奪われた感触。まだこの手に残っていた。でも。

奪われたキャラメルは、おばさんの傍らにいたこどもに渡《わた》された。きっとその子も茉莉と同じ、空襲で家も衣類も食料も焼き尽くされたこどもなんだろう。キャラメルを奪ってきてくれる母がいるということだけが、茉莉とはちがっていた。

清三は自分に食べさせるために弁当を盗んできてくれた。盗むのはいけないこと。そんなことはわかっていた。それなら、盗まないで、飢えて死んでしまうのはいいことなのだろうか。

茉莉にはわからなくなった。③これまでずっと正しいと信じていたこと。それが揺《ゆ》らぎはじめていた。

（中略／その後、茉莉は母方の祖母の家に身を寄せることになる。）

茉莉の祖母は、娘《むすめ》一家が茉莉だけを残して死んでしまったことに胸を痛め、茉莉が運んできたお骨の入った白い包みをぼんやり眺めながら一日を過ごすようになった。

ある夜、警戒《けいかい》警報発令のサイレンが鳴ったが、祖母は起きなかった。やがて空襲警報が出たが、祖母は布団の上に起きあがっただけで、動こうとしない。茉莉が祖母の肩《かた》をたたいてせかすと、初めて茉莉がいることに気づいたかのように、茉莉を見た。

「そうだ、茉莉。あんたがいたね」

祖母はそうつぶやいた。早く娘のところに行きたいとばかり願い、孫娘《まごむすめ》のことを忘れていたのだ。

祖母は茉莉の頭に防空頭巾《ずきん》をかぶせ、町内の防空壕を教えた。

「ここらの人はみんな入るんだから、④ひとりでいいから、行っておいで」

「おばあちゃんは逃げないの?」

茉莉の問いに祖母は一瞬《いっしゅん》口ごもったが、言った。

「あんたひとりのほうが、早く走れるだろう」

「じゃあおばあちゃんも後から来る?」

「行くよ」

その言葉に背中を押され、茉莉は走りだした。灯火管制《とうかかんせい》(夜間の空襲に備えて明かりが外にもれないようにすること)で町は真っ暗だった。

防空壕は近かった。白楽駅のすぐそばにあった。茉莉が入ると、中にはもうたくさんの人がいた。どの顔も知らない人だった。入り口近くにすわっていた男が茉莉の腕を摑んだ。

「おまえ、見たことのない子だな」

男は茉莉の真っ赤な鹿の子《かこ》（もようの一種）の、綿がたっぷりとつめられてふっくらとふくらんだ防空頭巾を見上げた。

「入っちゃだめだ」

男は茉莉の腕を摑んでいた手で肩を押し、茉莉を外へ押しだすと、防空壕の扉《とびら》を中から閉めた。

爆音《ばくおん》が響《ひび》き、あたりはうってかわって、照明弾《しょうめいだん》で昼間のように明るくなっていた。茉莉は警報が鳴り響き、だれもが避難して人気のない道を走った。人間が滅《ほろ》びた町のようだった。

祖母の家に戻ると、祖母は、茉莉が出ていったときのまま、同じところにぼんやりすわっていた。

「おばあちゃん、入れてくれなかったよ」

茉莉が訴《うった》えると、祖母ははっとして、茉莉を見た。

「そうかい。じゃあ、おばあちゃんと一緒に、おかあちゃまのところに行こうかね」

祖母はそう言うと、茉莉に手招きをした。その目の前には仏壇《ぶつだん》があり、母親たちの遺骨の白い包みがあった。

茉莉は首を振って、後ずさった。

そっちには行きたくない。

空からはごおっという飛行機の音がした。空気にぐうっと押される感じがする。低い、そして近い。

わたしは死ぬわけにはいかない。朝比奈のおばあちゃまにもおじいちゃま（朝比奈の父を茉莉はこう呼んでいた）にも、

あんなにかわいがられたわたし。

わたしは生きのびなくてはいけない。

茉莉は表へ飛びだした。

防空壕まで走っていき、外から壕の入り口をどんどん叩《たた》いた。中から扉が開き、さっきのおじさんが顔を出した。

「わたし、町内の子です」

茉莉は怒鳴《どな》った。

「五十嵐《いがらし》茉莉です。中川《なかがわ》のおばあちゃんのところに引っ越《こ》してきたんです。入れてください」

Yこんなに大声を出したことはなかった。おじさんは後ろに下がると、茉莉を入れ、扉を閉めた。

「中川さんとこの」

「空襲でみんな死んだって」

自分を見てささやく大人のほうは見なかった。空襲警報が解除されると、茉莉は走って家に帰った。

祖母の家は無事だった。祖母も仏壇の前にそのままずわっていた。

次の警報のときには祖母をひきずってでも防空壕に連れていこうと茉莉は思った。

（中脇初枝《なかわきはつえ》『世界の果てのこどもたち』より）

【問一】傍線部①「茉莉は踵《きびす》を返し、家のあった場所に駆《か》けもどった」とありますが、茉莉が「踵を返」そうと思った理由を30字以内で説明しなさい。

【問二】傍線部②「けれども勝士は茉莉にわらって見せた」とありますが、勝士はなぜそうしたのですか。その理由を40字以内で説明しなさい。

【問三】傍線部③「これまでずっと正しいと信じていたこと。それが揺《ゆ》らぎはじめていた」とありますが、これはどういうことですか。ここまでの内容をふまえて120字以上140字以内で説明しなさい。

【問四】傍線部④「ひとりでいいから、行っておいで」とありますが、このように言った祖母の気持ちはどのようなものですか。50字以内で説明しなさい。

【問五】点線部X「茉莉は声を上げることもできなかった」ときの茉莉と、点線部Y「こんなに大声を出したことはなかった」ときの茉莉の心情はどう違いますか。茉莉がそのように変化した理由もふくめて90字以内で説明しなさい。

第四章

解説・解答編

記述パターン❶　言いかえ問題

【練習問題1／解説】最初の練習問題ですから、特にていねいに考えていきましょう。

「旅を実感させるようなこと」とはどのようなことかを別のわかりやすい言葉で言いかえる《言いかえ問題》です。

《言いかえ問題》の解き方の手順にしたがって解いてみます。

《言いかえ問題》の解き方の手順

手順❶　傍線部をいくつかの部分に分ける。

手順❷　それぞれの部分を、別のわかりやすい言葉で言いかえる。

手順❸　❷でできた文を「わかりやすい解答」に整える。

手順❶　傍線部をいくつかの部分に分ける。

〈旅を実感させるようなことが／起きる。〉

手順❷　それぞれの部分を、別のわかりやすい言葉で言いかえる。

本問では〈旅を実感させるようなこと〉の部分を別のわかりやすい言葉で言いかえればＯＫです。
このとき、**なるべく本文の言葉を使うことが大切です**。本文の言葉がそのまま使えない場合には、本文の言葉をさらにわかりやすく言いかえて解答を作りましょう。

さて、〈旅を実感させるようなこと〉とはどのようなことでしょうか。
どこか本文に書いていないかなと探します。すると、傍線部の直後にこうありますね。

・だれかが話しかけてくる。似たような長期旅行者や、あるいはその町に住む人や。食事に誘ってくれたり、中心から離れた、たとえば川や湖や滝や、ディスコやお寺や市場に連れていってくれたりする。（5〜6行目）

〈旅を実感させるようなこと〉とは、このことでしょう。
ですが、これをこのまま解答とすると、指定字数の25字以内を超えてしまいます。
ですから、この内容をさらにわかりやすく言いかえて解答を作る必要があります。
こういうときのコツは、

短く分けて考える

でしたね。ではやってみましょう。

・だれかが話しかけてくる。似たような長期旅行者や、あるいはその町に住む人や。
↓〈現地の人と話をすること〉
・食事に誘ってくれたり、中心から離れた、たとえば川や湖や滝や、ディスコやお寺や市場に連れていってくれたりする。
↓〈現地の人と出かけること〉

こんなふうに、短く分けて、短く言いかえればよいでしょう。

手順❸　❷でできた文を「わかりやすい解答」に整える。

❷で言いかえた〈現地の人と話をすること〉と、〈現地の人と出かけること〉をつなげて、「わかりやすい解答」にします。ただし、「どのようなこと」と問われているので、文末を「〜こと」にすることにも注意してください。（**解答のルール❸ 文末表現に注意する**）

こんな解答例はどうでしょうか。

【解答例】現地の人と話をしたり、一緒に出かけたりすること。（24字）

易しすぎましたか？
傍線部のすぐ後ろに答えの根拠がありましたからね。
ただ、今回の問題の中で確認して欲しい、とても重要なことがあります。
それは、

本文に書いてあることをもとに解答を作ること。なるべく本文の言葉を活かして解答を作り、本文の言葉をそのまま使えない場合には、本文の言葉をわかりやすく言いかえること。

当たり前のことですが、こういう当たり前のことをいつも大切にして欲しいと思います。

【練習問題2／解説】 傍線部「声はその人そのものなのです。」をわかりやすい別の言葉で言いかえます。

手順❶　傍線部をいくつかの部分に分ける。

〈声は／その人そのものなのです〉

手順❷　それぞれの部分を、別のわかりやすい言葉で言いかえる。

本文を見ると、傍線部の直前にこうあります。

・声にはその人のすべてが出てしまう（9行目）

すると、傍線部「声はその人そのものなのです。」は、とりあえず、こんなふうに言いかえられそうですね。

〈声は／その人そのものなのです〉

↓

〈声には／その人のすべてが出てしまう〉

ただ、これをこのまま使って、解答を「声にはその人のすべてが出てしまうこと。」などとしてもいいでしょうか？

ダメですよね。なぜかと言えば、このままだと「その人のすべて」とは何かがよくわからないからです。

つまり、「わかりやすい解答」になっていないのですね。ですから、「その人のすべて」とは何か、さらにわかりやすい言葉で言いかえなくてはなりません。（**解答のルール❷ 指示語・比喩・わかりにくい表現は言いかえる**）

すると、本文の少し前にこうあるのが見つかります。

・声という音は、**話し手のじつに多くの情報**を含んでいます。どのような情報かというと、**身長、体格、顔の骨格、性格、育成歴、体調から心理状態**まで。つまり、**その人のほぼすべて**です。（6〜7行目）

右の太字部分に注目してください。これらによると、

・**話し手のじつに多くの情報＝身長、体格、顔の骨格、性格、育成歴、体調から心理状態まで＝その人のほぼすべて**

と述べていることがわかりますね。

つまり、「その人のすべて」を、本文の言葉を使ってわかりやすく言いかえるとすれば、

〈その人のすべて〉

↓

〈身長、体格、顔の骨格、性格、育成歴、体調から心理状態まで、その人のほぼすべて〉

となりそうです。したがって、ここまでをまとめると、

〈声は／その人そのものなのです〉
　　←
〈声には／その人のすべてが出てしまう〉
　　←
〈声には／身長、体格、顔の骨格、性格、育成歴、体調から心理状態まで、その人のほぼすべてが出てしまう〉

と言いかえられることがわかります。こう見ていくと、最後の言いかえが最もわかりやすい解答になっていることがわかると思います。いつもこのようにして、わかりやすい解答を作ることを心がけてください。

手順❸　❷でできた文を「わかりやすい解答」に整える。

「どういうことですか」と問われているので、文末を「〜こと」にすることにも注意しましょう。（**解答のルール❸**

文末表現に注意する）

【解答例】　声には身長、体格、顔の骨格、性格、育成歴、体調から心理状態まで、その人のほぼすべてが出てしまうということ。（53字）

【練習問題3／解説】 さほど長い傍線部ではありませんが、傍線部を一気に言いかえようとせず、傍線部をいくつかの部分に分けて考えてみることが大切です。

手順❶　傍線部をいくつかの部分に分ける。

〈「ありがとう」なんて／呼吸のようなものだ〉

手順❷　それぞれの部分を、別のわかりやすい言葉で言いかえる。

まず、〈「ありがとう」なんて〉の部分ですが、《言いかえ問題》とは、「傍線部を別のわかりやすい言葉で説明してください」という問いですから、逆に言えば、**傍線部内の言葉で、そのままでも十分わかりやすい言葉はそのまま使っても問題ないわけですね。**何でもかんでも、無理に言いかえなければならないというわけではないということです。ですからこの場合、「ありがとう」はそのまま使えばよいでしょう。また、「なんて」は「～を言うことなんて」くらいの意味ですから、ここでは、次のように言いかえておけば十分でしょう。

〈「ありがとう」なんて〉
　　↓
〈「ありがとう」を言うことは〉

次に、〈呼吸のようなものだ〉の部分を言いかえます。

これは明らかに比喩表現ですね。ですから、「呼吸のようなもの」とは何かを、比喩を使わずに、わかりやすい言葉に言いかえる必要があります。（**解答のルール❷指示語・比喩・わかりにくい表現は言いかえる**）

本文をもとに考えてみましょう。本文にはこうあります。

・**何しろ、ぼくは生まれつき両足と左手が不自由で、今、十二歳だというのに十年間も車いすで過ごしている。**そんな人間にとって、**礼儀正しくすることは、もはや体の一部だ。**（3行目〜5行目）

主人公は生まれつき体が不自由なため、身近な人に生活の手助けをしてもらうことが多い。だから礼儀正しく「ありがとう」を言うようなことが体の一部のようになっているわけですね。これを踏まえたうえで、「呼吸のようなもの」を考えてみます。

「呼吸」というのは、生きている以上は当たり前に行っていることですね。つまり、体が不自由な主人公にとって、誰かに助けてもらって「ありがとう」を言うことは、呼吸をするように当たり前のことになっているということなのでしょう。よって、「呼吸のようなもの」とは、「生きていく上で当たり前のこと」といった内容の比喩と考えられますから、

〈呼吸のようなものだ〉

↓

〈生きていく上で当たり前に行っていることだ〉

と、言いかえることができそうです。以上でそれぞれの部分の言いかえは終了です。

手順❸　❷でできた文を「わかりやすい解答」に整える。

「どういうことですか」と問われているので、文末を「〜こと」にすることに注意します。（**解答のルール❸　文末表現に注意する**）

【解答例】

「ありがとう」を言うことは、生きていく上で当たり前に行っていることだということ。（40字）

【練習問題4／解説】短めの傍線部ですが、区切って考えることで、正確に解答できることを確認してください。

手順❶　傍線部をいくつかの部分に分ける。

〈命に／色をつけている〉

手順❷　それぞれの部分を、別のわかりやすい言葉で言いかえる。

・〈命に〉の言いかえ。

・人間の命を何よりも尊いものだとする理由はなんだろうか。犬やネコの命も大事にすべきではないか。（4～5行目）
・命を大事にするのであれば、人間とそれ以外の動物、あるいはそういったものを区別する（6行目）

などと本文にあることから、ここでの〈命〉とは、〈人間と、犬やネコといったそれ以外の動物の命〉のことでしょう。
ただし本文に、

・犬や猫の価値や生きる権利と、人間が生きる権利（7行目）

ともありますから、〈命〉には、〈価値や生きる権利〉といった意味も含まれているものと考えられます。

・〈色をつけている〉の言いかえ。

【問】のただし書きに、「色をつけている」＝「物事の扱いに情を加えている」とあります。「情」というのは「感情」の「情」ですから、「気持ち」のことですね。また、ここでの「物事の扱い」というのは「命の扱い」のことでしょう。つまり、「物事の扱いに情を加えている」＝「命の扱いに気持ちを加えている」ということですから、本文の言葉で言えば、

・人間の命を何よりも尊いものだとする（4行目）
・人間とそれ以外の動物、あるいはそういったものを区別する（6行目）

あたりをヒントに考えていきます。ざっくり言えば、「人間の命を動物の命よりも尊いものだとする」ということでしょう。ただし、ここでの〈命〉とは〈価値や生きる権利〉という意味も含みますから、〈色をつけている〉とは、〈人間とそれ以外の動物、あるいはそういったものを区別して、人間の命や価値、生きる権利の方が尊いものだとする〉といった内容になろうかと思います。

手順❸　❷でできた文を「わかりやすい解答」に整える。

これまでに言いかえた内容をまとめると、次のようになります。

〈命に／色をつけている〉

↓

〈人間と、犬やネコといったそれ以外の動物の命や価値、生きる権利に／人間とそれ以外の動物、あるいはそういったものを区別して、人間の命や価値、生きる権利の方が尊いものだとする〉

重複している部分を削ったりしながら、**解答のルール❶ 主語・述語・目的語のわかりやすい文にする** にしたがって「わかりやすい解答」に整えます。文末は「〜こと」ですね。（**解答のルール❸ 文末表現に注意する**）

【解答例】

人間の命とそれ以外の動物の命を区別し、動物よりも人間の命の方が尊く、価値が高く、人間の方が生きる権利があると考えること。（60字）

【練習問題5／解説】　これまでと同じく、一つ一つ手順を追って考えていきましょう。

手順❶　傍線部をいくつかの部分に分ける。

〈そんな技の／根絶やし状態〉

手順❷　それぞれの部分を、別のわかりやすい言葉で言いかえる。

まず、〈そんな技〉とは何を指すのでしょう。

これは、**傍線部のルール❸　傍線部内の言葉と同じ言葉（似た言葉）に注目する**を用いて、「技」という言葉（または似た言葉）を本文中から探すと、

・「つくる」という、生きる基本となる**能力**（1行目）

・いのちを繋《つな》ぐために世代から世代へと伝えられてきた**技**《わざ》（3〜4行目）

が見つかります。ただ、

「『つくる』という、生きる基本となる能力」とは何でしょう。

「いのちを繋《つな》ぐために世代から世代へと伝えられてきた技《わざ》」とは何でしょう。

これらは漠然としていて、わかりやすい言葉で言いかえられているとは言えません。

ですから、これらをさらにわかりやすく言いかえた表現を本文から探しましょう。すると、

「『つくる』という、生きる基本となる能力」＝調理すること、工作すること（2行目）
「いのちを繋《つな》ぐために世代から世代へと伝えられてきた技《わざ》」＝排泄《はいせつ》物を処理することも、赤子を取り上げることも、
遺体の清拭《せいしき》や埋葬《まいそう》（2～3行目）

だと読み取ることができます。つまり、これまでのことを整理してみると、

〈そんな技〉

↓

〈調理することや工作することといった、生きる基本となる能力や、排泄物の処理や出産、遺体の清拭、埋葬といった、いのちを繋ぐために世代から世代へと伝えられてきた技〉

と言いかえられることがわかります。

次に、〈根絶やし状態〉とはどんな状態のことか、です。

「根絶やし」とは、「根本まで取り去ること。残らず絶やすこと」の意味です。これは本文の言葉を使えば、

・を損《そこ》なってしまった（2行目）

に当たります。ですから、次のように言いかえればＯＫでしょう。

〈根絶やし状態〉

←〈～を損なってしまった状態〉

手順❸　❷でできた文を「わかりやすい解答」に整える。

指定字数内に収まるように、また、「どのような状態のことですか」と問われているので、文末を「～状態」とすることも忘れずに。（**解答のルール❸　文末表現に注意する**）

【解答例】

調理や工作といった、生きる基本となる能力に加えて、排泄物の処理や出産、遺体の清拭、埋葬といった、いのちを繋ぐために世代から世代へと伝えられてきた技をも損なってしまった状態。（86字）

【練習問題6／解説】 比喩表現を含む傍線部の言いかえ問題です。

手順❶　傍線部をいくつかの部分に分ける。

〈舵のない／小さなボート〉

手順❷　それぞれの部分を、別のわかりやすい言葉で言いかえる。

・〈舵のない〉とは？

「舵」というのは「船尾などにつけて船の針路を定める板状の船具」のことで、それを操作することで船の進む方向を決めるわけです。「舵」がなければ方向が定まらず、ふらふらとあっちへ行ったり、こっちへ行ったりとしてしまうわけですね。もちろん、ここでの「舵」というのは比喩ですから、「舵」という言葉を使わずに言いかえなければなりません。（**解答のルール❷　指示語・比喩・わかりにくい表現は言いかえる**）

ですからここでの「舵のない」とは、澄子の方向が定まらない様子を表していると考えられるでしょう。それを本文から読み取れるところを探すと、次の箇所が見つかります。

・お母さんに、てっちゃんやカコに、クラスのムードに、流されているだけの（8行目）

つまり、〈舵のない〉＝〈自主性がなく、周囲に流されるだけの〉と言いかえられるでしょう。

・〈小さなボート〉とは？
これは澄子自身をボートにたとえているのですね。「小さな」ということは、「取るに足りない」「無力な」という低い自己評価の意味合いが含まれていると考えてもいいでしょう。
したがって、〈小さなボート〉＝〈取るに足りない、無力な澄子〉となります。

手順❸　❷でできた文を「わかりやすい解答」に整える。

〈舵のない／小さなボート〉
↓
〈自主性がなく、周囲に流されるだけの／取るに足りない無力な澄子〉

❷で考えた右の言いかえ内容を、指定字数20字以内に注意してうまく整えます。

【解答例】　自主性がなく、周囲に流される無力な澄子。（20字）

記述パターン❷　理由問題

【練習問題7／解説】《理由問題》とは、「○○はなぜか」「○○の理由を説明しなさい」の○○を「結果」としたときの「原因・理由」を答える問題です。ただしその前に、傍線部の正しい理解から始めましょう。

この傍線部には主語がありませんから、主語を補います。**（傍線部のルール❹ 傍線部内に省略された主語・述語・目的語を補う）** 主語は「（『正当な寿司』の味を知っている）日本人」ですね。したがって、まず傍線部を「日本人は、世界各地のスシを頭ごなしに否定することもできない」だと考えます。

では、改めて、《理由問題》の解き方の手順を確認してみましょう。

《理由問題》の解き方の手順

手順❶ 「○○はなぜか」「○○の理由を説明しなさい」の○○を「結果」とする。

（傍線部が「結果」になっていることが多い）

手順❷ 「結果」に対する「原因・理由」を本文中から読み取る。

手順❸ 「原因・理由＋結果」の文を作り、「原因・理由」と「結果」の因果関係が正しいかどうかを確かめる。

手順❹ 「原因・理由」の部分を「わかりやすい解答」に整える。（文末は「〜から」）

手順❹　物語文・随筆では、「気持ち」も入れて、「原因・理由＋気持ち」の部分を「わかりやすい解答」に整える。（文末は「〜から」）

手順❶　**「○○はなぜか」「○○の理由を説明しなさい」の○○を「結果」とする。（傍線部が「結果」になっていることが多い）**

この問題では、傍線部「日本人は、世界各地のスシを頭ごなしに否定することもできない」が○○の部分になっていることがわかりますか。ですから本問は、傍線部「日本人は、世界各地のスシを頭ごなしに否定することもできない」を「結果」としたときの「原因・理由」を答えればよいとわかります。このように、**多くの《理由問題》では、傍線部が「結果」になっています。**

手順❷　**「結果」に対する「原因・理由」を本文中から読み取る。**

傍線部「日本人は、世界各地のスシを頭ごなしに否定することもできない」を「結果」としたときの「原因・理由」にあたる部分を本文から探します。すると、次の二点が見つかります。特に太字部分に注目してください。

（ア）**外国のスシ**は、日本人の味覚に合わなくても、現地の人々の味覚に合わせることで**寿司の世界的な普及《ふきゅう》に貢献《こうけん》しているという面もある**（4〜5行目）

（イ）アメリカで生まれたカリフォルニアロールは～現在では**逆輸入されてすっかり定着した**（6～7行目）

手順❸「原因・理由＋結果」の文を作り、「原因・理由」と「結果」の因果関係が正しいかどうかを確かめる。

本文から「原因・理由」にあたる部分（右の太字部分）を見つけたら、「結果」である傍線部との因果関係が正しいかどうかを確認してみます。これは次のように、見つけた「原因・理由」と、「結果」である傍線部をつないで読んでみればいいのですね。このとき、適宜《てきぎ》「から」などを補ってつなげましょう。

（ア）**外国のスシは、寿司の世界的な普及《ふきゅう》に貢献《こうけん》しているという面もある**から（原因・理由）、日本人は、世界各地のスシを頭ごなしに否定することもできない（結果）。↓因果関係ＯＫ

（イ）アメリカで生まれたカリフォルニアロールは～**逆輸入されてすっかり定着した**から（原因・理由）、日本人は、世界各地のスシを頭ごなしに否定することもできない（結果）。↓因果関係ＯＫ

このように、（ア）、（イ）ともに「原因・理由」としては正しいとわかりましたから、あとはこれらをもとにして「わかりやすい解答」を作ればよいわけです。ただし、（イ）の場合は、あくまでカリフォルニアロールという一例にすぎず、すべての世界各地のスシが逆輸入されているわけではありませんから、〈世界各地のスシの中には逆輸入されて定着したものもあるから〉程度にとらえておくのが正しいと思います。

手順❹「原因・理由」の部分を「わかりやすい解答」に整える。（文末は「～から」）

さて、ここまでの考察をふまえ、解答として入れるべきことを（ア）、（イ）について整理すると、

（ア）〈外国のスシは、寿司の世界的な普及《ふきゅう》に貢献《こうけん》しているという面もあるから〉

（イ）〈世界各地のスシの中には逆輸入されて定着したものもあるから〉

の二点ということがわかります。これらをもとにすると、次のような解答ができます。理由を問われていますから、文末は「〜から」としましょう。（**解答のルール❸ 文末表現に注意する**）

【解答例】

世界各地のスシは、寿司の世界的な普及《ふきゅう》に貢献《こうけん》しており、中には逆輸入されて定着したものもあるから。

（47字）

【練習問題8／解説】「『種』『スケール』ということばを用いること」という「ただし書き」をヒントにできるかがポイントです。

手順❶　「〇〇はなぜか」「〇〇の理由を説明しなさい」の〇〇を「結果」とする。（傍線部が「結果」になっていることが多い）

【問】に「それはなぜか」とありますが、「それ」とは傍線部「『ゾウはどこまでライオンか？』という問いは存在しえないのである」を指していますね。よって、〇〇の部分は傍線部「『ゾウはどこまでライオンか？』という問いは存在しえないのである」になりますから、本問でも傍線部を「結果」と考えればよいとわかります。

手順❷　「結果」に対する「原因・理由」を本文中から読み取る。

傍線部「『ゾウはどこまでライオンか？』という問いは存在しえないのである」を「結果」としたときの「原因・理由」にあたる部分を本文から探します。【問】のただし書きに、「種」「スケール」ということばを用いることとありますから、**「種」「スケール」ということばを本文に探す**と、次のような「原因・理由」の部分が見つかります。

（ア）そのやりかた（＝子孫の残し方）は**種**によってまったく違う（6行目）

（イ）同じ**スケール**の上で、どれがどこまで、という問題ではない（8〜9行目）

手順❸　「原因・理由＋結果」の文を作り、「原因・理由」と「結果」の因果関係が正しいかどうかを確かめる。

「から」を補い、（ア）、（イ）それぞれについて「原因・理由＋結果」の文を作ってみます。

（ア）〈子孫の残し方は種によってまったく違うから（原因・理由）、「ゾウはどこまでライオンか？」という問いは存在しえないのである（結果）〉↓因果関係ＯＫ

（イ）〈同じスケールの上で、どれがどこまで、という問題ではないから（原因・理由）、「ゾウはどこまでライオンか？」という問いは存在しえないのである（結果）〉↓因果関係ＯＫ

手順❹　「原因・理由」の部分を「わかりやすい解答」に整える。（文末は「～から」）

解答のルール❷　指示語・比喩・わかりにくい表現は言いかえるより、（イ）の〈同じスケール上で、どれがどこまで、という問題ではないから〉は、ややわかりにくい表現ですから、〈同じスケール上では比べられないから〉と言いかえておきます。

【解答例】　［ゾウとライオンは、］子孫の残し方の違う異なる種であり、同じスケール上では比べられないから（34字）

【練習問題9／解説】これまで通り、《理由問題》の解答の手順にしたがって考えます。もうだいぶ慣れてきましたか？

手順❶　「○○はなぜか」「○○の理由を説明しなさい」の○○を「結果」とする。
（傍線部が「結果」になっていることが多い）

○○の部分は傍線部「胎児は羊水を通じて、母親の声や外部の音を聞いています」ですから、これを「結果」と考えます。

手順❷　「結果」に対する「原因・理由」を本文中から読み取る。

傍線部「胎児は羊水を通じて、母親の声や外部の音を聞いています」を「結果」としたときの「原因・理由」にあたりそうな部分を本文から探してみると、次の二つが見つかります。

（ア）新生児は自分の母の声を間違いなく認識し、他の母親の声と聞き分けることが実験によって裏付けられています（3～4行目）

（イ）お腹の中で聞いていた母の言葉、母国語に特徴的な発音に、生まれてすぐに反応することも確かめられました（4～5行目）

手順❸　「原因・理由＋結果」の文を作り、「原因・理由」と「結果」の因果関係が正しいかどうかを確かめる。

念のため、(ア)、(イ) それぞれを傍線部とつなぎ合わせ、因果関係が正しいかどうかを確かめてみます。

(ア) 新生児は自分の母の声を間違いなく認識し、他の母親の声と聞き分けることが実験によって裏付けられていますから（原因・理由）、胎児は羊水を通じて、母親の声や外部の音を聞いています（結果）。

↓因果関係ＯＫ

(イ) お腹の中で聞いていた母の言葉、母国語に特徴的な発音に、生まれてすぐに反応することも確かめられましたから（原因・理由）、胎児は羊水を通じて、母親の声や外部の音を聞いています（結果）。

↓因果関係ＯＫ

手順❹ 「原因・理由」の部分を「わかりやすい解答」に整える。（文末は「〜から」）

さて、あとはこれら（ア）、（イ）をもとにわかりやすい解答にしてゆけばよいでしょう。**解答のルール❶ 主語・述語・目的語のわかりやすい文にする**をもとに、50字以内の指定字数に注意してまとめます。今回は本文をかなり忠実に活かした解答になりました。

【解答例】

新生児は自分の母の声を間違いなく認識し、母の母国語に特徴的な発音に、生まれてすぐに反応するから。（48字）

【練習問題10／解説】 ここからは「物語文」での《理由問題》です。物語文・随筆の《理由問題》では、「気持ち」を解答に入れることがポイントです。

手順❶ **「○○はなぜか」「○○の理由を説明しなさい」の○○を「結果」とする。**
（傍線部が「結果」になっていることが多い）

今回の【問】には、「なぜ〈丹華〉は〈こっそり〉としか〈陽太〉のことを見られなかったのですか。」とありますから、○○にあたる〈丹華はこっそりとしか陽太のことを見られなかった〉が「結果」になります。

手順❷ **「結果」に対する「原因・理由」を本文中から読み取る。**

〈丹華はこっそりとしか陽太のことを見られなかった〉のはなぜか？　その「原因・理由」を本文に求めると、

・初対面の男子にどう接したらいいかわからなくて（9行目）

とありますから、「原因・理由」は〈初対面の男子にどう接したらいいかわからなかったから〉となります。

手順❸ **「原因・理由＋結果」の文を作り、「原因・理由」と「結果」の因果関係が正しいかどうかを確かめる。**

〈初対面の男子にどう接したらいいかわからなかったから（原因・理由）、丹華はこっそりとしか陽太のことを見ら

れなかった（結果）。〉↓因果関係ＯＫ

手順❹　物語文・随筆では、「気持ち」も入れて、「原因・理由＋気持ち」の部分を「わかりやすい解答」に整える。（文末は「～から」）

字数指定の関係からどうしても入れられないときを除いて、物語文・随筆では、原則として解答の中に「気持ち」を入れましょう。**「気持ち」は「言動（セリフ、行動、表情）」や「情景描写」から読み取ります。**

ここでは次のような丹華の「言動」から「気持ち」を読み取れるのではないでしょうか。

・初対面の男子にどう接したらいいかわからなくて（９行目）

この部分から、〈戸惑い〉といった「気持ち」を引き出せるとよいですね。

したがって、手順❷で考えた〈初対面の男子にどう接したらいいかわからなかったから〉に、〈戸惑い〉という「気持ち」を入れたものを解答とします。手順❷で考えた〈初対面の男子にどう接したらいいかわからなかったから〉のみを解答としても間違いではありませんが、物語文・随筆の《理由問題》では「気持ち」まで解答に入れると理解しておいたほうが「得点になる解答」になります。

【解答例】　初対面の男子にどう接したらよいかわからず、戸惑っていたから。（30字）

【練習問題11／解説】 これも「物語文」での《理由問題》ですから、「気持ち」を解答の中に入れていきます。

手順❶ **「〇〇はなぜか」「〇〇の理由を説明しなさい」の〇〇を「結果」とする。（傍線部が「結果」になっていることが多い）**

これも傍線部〈ぼくはウキウキしていた〉を「結果」と考えればよいですね。

手順❷ **「結果」に対する「原因・理由」を本文中から読み取る。**

「ウキウキする」ということは、何か「いいこと」を期待しているからですね。では、その「いいこと」とは何でしょう?

・なんとかして仲なおりしてほしい（16行目）
・「ぼくがおとうさんにお願いしてみようか? おそい時間になってもいいから、おばあちゃんのうちにきてくださいって。それで三人で泊まろうって」（17〜18行目）

不仲になっているおとうさんとおかあさんに対して、「ぼく」が期待する「いいこと」とは、「三人が仲なおりすること」でしょう。したがって、右の本文から読み取れる「原因・理由」は、〈おばあちゃんの家に家族三人で泊まることで、おとうさんとおかあさんが仲直りするかもしれないから〉といったことが考えられると思います。

手順❸　「原因・理由＋結果」の文を作り、「原因・理由」と「結果」の因果関係が正しいかどうかを確かめる。

〈おばあちゃんの家に家族三人で泊まることで、おとうさんとおかあさんが仲直りするかもしれないから（原因・理由）、ぼくはウキウキしていた（結果）。〉→因果関係ＯＫ

手順❹　物語文・随筆では、「気持ち」も入れて、「原因・理由＋気持ち」の部分を「わかりやすい解答」に整える。（文末は「〜から」）

「ぼく」の「気持ち」が読み取れそうな「言動（セリフ、行動、表情）」を探します。

・運動会が行われる来週の土曜までには、なんとかして仲なおりしてほしい（15〜16行目）
・ぼくはウキウキしていた（19行目）

ここから読み取れる「気持ち」としては、〈期待〉がぴったりなのではないでしょうか。もう少し長い言葉で表せば、〈おとうさんとおかあさんが仲なおりするかもしれないという期待〉ですね。これを解答に入れて、まとめます。

【解答例】　おばあちゃんの家に家族三人で泊まることで、ケンカしているおとうさんとおかあさんが仲なおりするかもしれないと期待したから。（60字）

【練習問題12／解説】 物語文の《理由問題》にも慣れてきましたか？　これも「気持ち」を入れて解答を作ります。

手順❶　「○○はなぜか」「○○の理由を説明しなさい」の○○を「結果」とする。
（傍線部が「結果」になっていることが多い）

【問】に「なぜ吉岡兄はこのような反応をしたのか」とありますが、ここでの「このような反応」というのは、傍線部「むきになって健一を睨《にら》みつけた」ことを指します。したがって、○○に当たるのは、〈吉岡兄はむきになって健一を睨みつけた〉ですから、これが「結果」になります。

手順❷　「結果」に対する「原因・理由」を本文中から読み取る。

・吉岡兄は気が進まないらしく、「おーい。本当に行くのかよ。俺、帰るよ」とぶつぶついいだした（13〜14行目）
・こいつも怖いのだと健一は思った（15行目）

とありますから、吉岡兄は本心では、鉄橋を渡ることを怖いと思っているのです。しかし、

・しかし子供の世界は、それをいったら、おしまいだ。何をされるかわからない（9〜10行目）
・二人で踵《きびす》を返せばよかったものを、少年はそれができない（15行目）

少年の世界では、仲間に弱みを見せることはできないわけです。それが〈むきになって〉という吉岡兄の様子に表

れています。よって、こうした事情から考えると、「原因・理由」としては、〈鉄橋を渡るのが怖いという本心をどうしても知られたくなかったから〉などが考えられます。

手順❸　「原因・理由＋結果」の文を作り、「原因・理由」と「結果」の因果関係が正しいかどうかを確かめる。

〈鉄橋を渡るのが怖いという本心をどうしても知られたくなかったから（原因・理由）、むきになって健一を睨《にら》みつけた（結果）〉→因果関係ＯＫ

手順❹　物語文・随筆では、「気持ち」も入れて、「原因・理由＋気持ち」の部分を「わかりやすい解答」に整える。（文末は「〜から」）

❸で作った「原因・理由」をそのまま解答としても悪くありませんが、物語文ではやはり「気持ち」を入れたいところです。吉岡兄の「言動（セリフ、行動、表情）」から「気持ち」を読み取りましょう。これは次の部分から、

・「ちがわい」（17行目）→弱みを見せず、反対を装っている→〈強がっている〉
・吉岡兄はむきになって健一を睨《にら》みつけた（17行目）→〈健一への腹立たしさ（反発なども可）〉

といった「気持ち」が読み取れるのではないでしょうか。これらを入れて、解答を整えます。

【解答例】
鉄橋を渡るのが怖いという本心を指摘した健一が腹立たしく、またそれをどうしても知られたくないために強がったから。（55字）

記述パターン❸　まとめ問題

【練習問題13／解説】この問題は、「筆者がヨーロッパの旅にどういう特徴があると理解したのか」について説明する《まとめ問題》です。まずは手順を確認しましょう。

《まとめ問題》の解き方の手順

手順❶　説明すべき部分を本文中から見つける。（具体例ではなく、具体例をまとめた部分から）

手順❷　❶で見つけた部分を「わかりやすい解答」としてまとめる。

手順❶　説明すべき部分を本文中から見つける。（具体例ではなく、具体例をまとめた部分から）

《まとめ問題》では、まず、説明すべき部分（ここでは、「ヨーロッパの旅の特徴」）を本文中から見つけます。見つけるときのポイントは、**具体例ではなく、具体例をまとめた部分から探す**ことです。

では、本文から「ヨーロッパの旅の特徴」について、**具体例をまとめた部分**に注目して探してみましょう。細字になっているところが具体例、太字になっているところが具体例をまとめた部分、というのがわかりますか？

・**ヨーロッパで有意義な旅をしようと思ったら、目的を持たないといけない**。あの町にいってこの建築を見る。この列車に乗ってあそこにいき、だれそれの絵が飾《かざ》られている美術館にいこう。**目的は具体的であればあるほど、多くあればあるほど、その旅は充実《じゅうじつ》する**。ガイドブックに載っていないものを見ようと思ったら、それもまた、目的にしなければならない。わざわざガイドブックに載っていない場所を選び、そこに足を運ばなければならない。

具体例をまとめた部分（太字部分）は、具体例の前後にありますね。本文から抜き出してみましょう。

〈ヨーロッパで有意義な旅をしようと思ったら、目的を持たないといけない〉
〈目的は具体的であればあるほど、多くあればあるほど、その旅は充実《じゅうじつ》する〉

手順❷　❶で見つけた部分を「わかりやすい解答」としてまとめる。

解答のルール❶ 主語・述語・目的語のわかりやすい文にするに注意して、「わかりやすい解答」としてまとめればOKです。また、「どういう特徴があると理解したのですか」と問われているので、解答の文末を「～特徴」とすることにも気をつけて。（**解答のルール❸ 文末表現に注意する**）

【解答例】
ヨーロッパで有意義な旅をしようと思えば、目的を持たねばならず、その目的は具体的で、数も多いほど旅は充実するという特徴。（59字）

【練習問題14／解説】「冬の寒さが訪れることを、寒くなる前の秋に知るために行われていること」とはどのようなことか、それをまとめる《まとめ問題》です。《まとめ問題》とはいっても、この問題の場合、複数のまとめ要素はありません。

手順❶　説明すべき部分を本文中から見つける。（具体例ではなく、具体例をまとめた部分から）

本文を見てみると、傍線部の直後に、

・その答えは、「**葉っぱが、夜の長さをはかる**から」です。（10行目）

とありますから、太字の部分をもとに、解答は、

〈葉っぱが、夜の長さをはかること。〉（16字）

とすればよいように思えます。

……ですが今回は、「本当にこれでいいのだろうか？」ということを考えてみたいと思います。

〈葉っぱが、夜の長さをはかる〉とありますが、葉っぱが〈夜の長さをはかる〉というのは、よく考えてみれば「比喩表現」ではありませんか？　葉っぱが何かの器具を使って、実際に〈夜の長さをはかる〉わけではありませんよね。

とすると、**解答のルール❷　指示語・比喩・わかりにくい表現は言いかえる**より、葉っぱが〈夜の長さをはかる〉

とはどういうことかを、比喩を使わない別の言葉で言いかえなければなりません。

では、〈夜の長さをはかる〉とはどういうことなのでしょう。

それを言いかえた別の表現を探しながら再び読んでいくと、本文の後ろのほうにこんなことが書いてあります。太字部分に注目してみてください。

・だんだんと長くなる夜を感じるのは「葉っぱ」です。ところが、越冬芽がつくられるのは「芽」です。とすれば、「葉っぱ」が**長くなる夜を感じて**、「冬の訪れを予知した」という知らせは、「芽」に送られねばなりません。（19～20行目）

つまり、この部分から、次のように言いかえることができるとわかります。

夜の長さをはかる

←

（だんだんと）長くなる夜を感じる

手順❷　❶で見つけた部分を「わかりやすい解答」としてまとめる。

「どのようなことですか」と問われているので、文末を「～こと」として解答を作ります。（**解答のルール❸　文末表現に注意する**）

【解答例】　葉っぱが、だんだんと長くなる夜を感じること。（22字）

【練習問題15／解説】「エネルギーをむだに使っている点」についてまとめる《まとめ問題》ですが、まずは傍線部の正しい理解から。傍線部には主語がありませんので、**傍線部のルール❹ 傍線部内に省略された主語・述語・目的語を補う**より、主語を補いましょう。これは「競争ばかりすることは」が主語になりますね。したがって、傍線部は「競争ばかりしていることは、エネルギーのむだづかいだ」と読み取ります。

手順❶ 説明すべき部分を本文中から見つける。（具体例ではなく、具体例をまとめた部分から）

では、どういう点が「エネルギーをむだに使っている点」なのでしょう。すると本文に、傍線部「競争ばかりしていることは、エネルギーのむだづかいだ」と同じような次の一文があることに気づきます。特に「競争」「むだ」という言葉に着目です。（**傍線部のルール❸ 傍線部内の言葉と同じ言葉（似た言葉）に注目する**）

・つまり、生物にとって、**競争**は基本的に**損**なのだ（5行目）

「損」というのは「むだ」ということですね。つまり筆者は、「競争は基本的にむだだ」と言っているわけです。

では、どんな点がむだなのでしょう。

ここで「つまり」という接続語に着目して考えてみます。**「つまり」は、前の文の内容を後ろの文で「まとめ」または「言いかえ」の働きをする接続語です。算数でいえば、前後の文を「＝（イコール）の関係」で結ぶ働きですね。**ですからここでは、「生物にとって、競争は基本的に損（＝むだ）なのだ」という文章は、「つまり」の前の文と「＝（イコール）の関係」になっているはずだと考えられます。つまり、

・競争では、競争相手に勝つためにエネルギーを使うので、その分自分が成長したり、子孫を残したりするためのエネルギーは減ってしまう（3～4行目）

＝

・生物にとって、競争は基本的に損なのだ（5行目）

と読めるわけですね。

したがって、設問できかれている「エネルギーをむだに使っている点」とは、本文の言葉を使うと、〈競争相手に勝つためにエネルギーを使うので、その分自分が成長したり、子孫を残したりするためのエネルギーが減ってしまう点〉と言えるでしょう。

手順❷　❶で見つけた部分を「わかりやすい解答」としてまとめる。

あとは「わかりやすい解答」に整えるだけですが、ややわかりいくい部分があるとすれば、〈競争〉という言葉でしょうか。ここをわかりやすい別の言葉で言いかえます。（**解答のルール❷　指示語・比喩・わかりにくい表現は言いかえる**）

では、ここでの〈競争〉とは何を指すのでしょう。「競争」という言葉を本文に探してみると、（厳密に言えば、ここは傍線部ではありませんが、**傍線部のルール❸　傍線部内の言葉と同じ言葉（似た言葉）に注目する**を用いています）

・同じエサを食べる動物どうしが同じ場所に住んでいると、**エサをめぐって競争**になることが多い。（3行目）

とありますから、ああ、なるほど、〈競争〉＝〈エサをめぐる競争〉なのだなとわかりますね。

【解答例】

エサをめぐる競争で、相手に勝つためにエネルギーを使うので、その分自分が成長したり、子孫を残したりするためのエネルギーが減ってしまう点。（67字）

【練習問題16／解説】「現代のツッコミ意識の高まりに反映されている人々の気持ち」についてまとめる《まとめ問題》です。

手順❶　説明すべき部分を本文中から見つける。（具体例ではなく、具体例をまとめた部分から）

「攻撃」「安心感」という言葉を必ず用いるとありますから、**傍線部のルール❸ 傍線部内の言葉と同じ言葉（似た言葉）に注目する**より、「攻撃」「安心感」といった言葉を本文中から探します。すると、次のような部分が見つかります。

・先に**攻撃**することによって自分に降《ふ》り掛《か》からないように防御《ぼうぎょ》しているという心持ち（6行目）
・「失敗していない多数側」に自分がいることで**安心感**を得ている（9行目）

よって、「現代のツッコミ意識の高まりに反映されている人々の気持ち」とは、〈先に攻撃することによって自分に降《ふ》り掛《か》からないように防御《ぼうぎょ》しているという気持ち〉や〈「失敗していない多数側」に自分がいることで安心感を得ようとする気持ち〉だとわかります。

手順❷　❶で見つけた部分を「わかりやすい解答」としてまとめる。

ここでは何といっても〈「失敗していない多数側」〉が何を指しているのかわかりませんね。ですからこれを別のわかりやすい言葉で言いかえなければなりません。（**解答のルール❷ 指示語・比喩・わかりにくい表現は言いかえる**）

では、「失敗していない多数側」とは何でしょうか。これは本文を読むと、要するに、「攻撃する側」のことを指し

ていると考えられますね。本文の言葉でいえば、

・ツッコミ側（1行目）

がそれにあたるのではないでしょうか。つまり、次のように言いかえられます。

失敗していない多数側
＝
ツッコミを入れる側

もちろん、〈攻撃する側〉としてもよいでしょう。

【解答例】
先に攻撃することで自分に攻撃が降り掛からないように防御している気持ちや、ツッコミを入れる側に自分がいることで安心感を得ようとする［気持ち。］（64字）

【練習問題17／解説】 これは《まとめ問題》の中でも、「違いを説明する問題」にあたります。「かつて」と「現在」とで、子供の夢と現実との関係がどう書かれているかを読み取りましょう。

手順❶　説明すべき部分を本文中から見つける。（具体例ではなく、具体例をまとめた部分から）

「かつて」と「現在」の、夢と現実との関係を本文から探すと、それぞれ次のようになります。

［かつての夢］
・昭和の中頃まで、子供たちが「夢」という言葉を使う時、その「夢」は、もっと**他愛《たあい》ない、バカバカしいものだった**（3行目）
・本来なら、退屈《たいくつ》な現実から逃避《とうひ》するためのヒーロー幻想《げんそう》であったり、叱《しか》られた小中学生がうたかた＊の慰安《いあん》を求めて思い浮《う》かべる絵空事であった「夢」という**多分に無責任な妄想《もうそう》**（11〜12行目）

［現在の夢］
・「夢」という単語が、ほぼ必ず「**職業**」**に結びつく概念《がいねん》**として語られるようになった（1行目）
・それが、いつの頃からなのか、「夢」は、**より現実的な**「**目標**」**じみたもの**に変質した（7行目）
・それは年頃の男女が、一人にひとつずつ必ず持っていなければならない必携《ひっけい》のアイテム（8行目）
・就職活動の面接における必須《ひっす》ワード（12行目）
・中高生が考える職業選びの土台（12〜13行目）
・子供たちが「**将来就《つ》きたい職業**」**そのものを意味する極《きわ》めて卑近《ひきん》＊な用語**に着地している（15〜16行目）

このあたりから特に太字部分に注目してみると、「夢」とは、次のように考えられます。
［かつての夢］…他愛のない、バカバカしい、無責任な妄想（＝現実とかけ離れたもの）
［現在の夢］……「将来就きたい職業」を意味する、現実的な「目標」じみたもの（＝現実的なもの）

手順❷　❶で見つけた部分を「わかりやすい解答」としてまとめる。

「違いを説明する問題」では、「対比」を明確化して解答を作ることが極めて有効です。
この問題では、次のような「対比」がはっきりしています。

［かつての夢］…現実とかけ離れたもの
［現在の夢］……現実的なもの

そして「違いを説明する問題」では、

Aは〇〇〇だが、
⇔
Bは●●●である。

といったように、**〇〇〇と●●●の「対比」をはっきりと解答の中に示しましょう。**【解答例】の太字部分に注目してください。

【解答例】

かつての夢は、**現実とかけ離れた**無責任な妄想だったが、現在の夢は、将来就きたい職業を意味する、**現実的な**「目標」じみたものに変わってしまったから。（71字）

【練習問題18／問一／解説】 本問は《まとめ問題》の中でも、「共通点を説明する問題」にあたります。

手順❶ 説明すべき部分を本文中から見つける。（具体例ではなく、具体例をまとめた部分から）

本文から「笑い」と「なき」の共通点を探します。

・両方とも、典型的なものは、**リズミカルな呼吸運動を基本にしている**というところだ。リズムの緩急《かんきゅう》のちがいはあるが、**リズミカル**であるという点は共通している。（2〜3行目）
・両方とも、**顔をしわくちゃにする表情運動である**ところも似ている。（3〜4行目）
・**なき声と笑い声の区別のつかない**人もままある。（5〜6行目）
・**涙**はなきに特徴的《とくちょうてき》だということになっているが、諸君だって経験がおありだろうが、笑いすぎると**涙は出る**。（6〜7行目）
・笑いも、**まわりの人間**をひきこんで**攻撃性《こうげきせい》をおさえる**働きを持つが、なきも同様に、**まわりの人間**に同情を呼びおこし、**攻撃性をおさえさせる**。（7〜8行目）

太字部分を中心にその共通点を箇条書きにしてみると、次のような点が挙げられます。

〈リズミカルな呼吸運動を基本にしている〉
〈顔をしわくちゃにする表情運動である〉
〈声が似ている〉
〈涙が出る〉

〈まわりの人間の攻撃性をおさえる〉

手順❷　❶で見つけた部分を「わかりやすい解答」としてまとめる。

解答のルール❶ 主語・述語・目的語のわかりやすい文にする に注意してまとめます。「共通点を説明しなさい」という設問ですから、文末は「～点」または「～こと」で結びましょう。（**解答のルール❸ 文末表現に注意する**）

【問一／解答例】

ともにリズミカルな呼吸運動を基本とした、顔をしわくちゃにする表情運動であり、その運動時の声が似ていたり、涙が出たり、まわりの人間の攻撃性をおさえる点。（75字）

【練習問題18／問二／解説】「オギャー（なき）」と「ウェーン（なき）」についての「違いを説明する問題」です。【練習問題17】でやったように、**「違いを説明する問題」では「対比」を意識します。**

手順❶　説明すべき部分を本文中から見つける。（具体例ではなく、具体例をまとめた部分から）

［オギャー（なき）］

・さて、ぼくら犬のごときものは、**赤ん坊**の時に、まずオギャーオギャーなきをする。（12行目）

・オギャーなきは、区別されるのが当然で、**本質的には「なき」とは呼べない。悲しいという感情がともなっていないからだ。**（14～15行目）

・それは、**腹がへった、のどがかわいた、痛いところがある、不快なところがある、といったことを大人《おとな》に伝えるための信号**にすぎない。（15～16行目）

・もちろん、オギャーなきは、**涙ぬき**である。（16行目）

［ウェーン（なき）］

・赤ん坊から、**子供**に成長し、自立への道を歩みはじめるころから、ぼくたち犬のごときものは、ほんとうになきはじめる。つまり**涙の出るなき**をはじめる。（17～18行目）

・**攻撃性を一時的におさえる**。その役割が、微笑《びしょう》と「なき」に与えられるというわけだ。（20～21行目）

・**加えられはじめた攻撃を中止するため**だ。（21～22行目）

以上の本文の太字部分に注目して、「オギャー（なき）」と「ウェーン（なき）」の違いを対比的に見てみましょう。

［オギャー（なき）］…赤ん坊のときのなき／涙の出ない、悲しいという感情をともなわない、本質的には「なき」とは呼べないもの／自分の腹がへった、のどがかわいた、痛いところがある、不快なところがある、といったことを大人《おとな》に伝えるための信号

［ウェーン（なき）］…子供のときのなき／涙の出るなき／自分に加えられる攻撃を中止させるもの

手順❷　❶で見つけた部分を「わかりやすい解答」としてまとめる。

さて、❶を「わかりやすい解答」にするにあたっては、二つの注意点があります。

一つ目。「オギャー（なき）」の〈自分の腹がへった、のどがかわいた、痛いところがある、不快なところがある、

といったこと〉は、そのまま解答に入れるには長すぎます。ここは〈自分の伝えたいこと〉などと短くまとめましょう。

二つ目。本文の記述から「オギャー（なき）」と「ウェーン（なき）」を対比させると、左のようになります。

［オギャー（なき）］…涙が出ない／悲しいという感情をともなわない／本質的には「なき」とは呼べない
⇔　⇔　⇔
［ウェーン（なき）］…涙が出る　／　（本文に記述ナシ）　／なき

ここで考えて欲しいことは、「ウェーンなき」について、本文には「感情」についての記述がないことです。ただし、「オギャーなき」と対比させて考えてみると、当然、「ウェーンなき」は「悲しいという感情をともなう」ものだと考えられますね。ですから、解答の中にも「ウェーンなき」には「悲しいという感情をともなう」ということを入れるのがよいでしょう。つまり、左のように考えます。

［オギャー（なき）］…涙が出ない／悲しいという感情をともなわない／本質的には「なき」とは呼べない
⇔　⇔　⇔
［ウェーン（なき）］…涙が出る　／　**悲しいという感情をともなう**　／なき

以上の点をふまえると、次のような解答例が得られます。

【問二／解答例】

「オギャー（なき）」は、涙が出ず、悲しいという感情をともなわない、本質的には「なき」とは呼べない赤ん坊のなき方で、自分の伝えたいことを大人に伝えるための信号だが、「ウェーン（なき）」は、涙も出て感情もともなう子供のなき方で、自分に加えられる攻撃を中止させるためのものという違いがある。（142字）

記述パターン❹　気持ち問題

【練習問題19／解説】 さて、いよいよ《気持ち問題》です。改めて手順を確認してください。

《気持ち問題》の解き方の手順

手順❶　言動・情景描写から「気持ち」を読み取る。

手順❷　その「気持ち」になった「理由」を本文中から読み取る。

手順❸　「理由＋気持ち（結果）」の文を作り、「理由」と「気持ち（結果）」の因果関係が正しいかどうかを確かめる。

手順❹　「理由＋気持ち」を「わかりやすい解答」に整える。

手順❶　言動・情景描写から「気持ち」を読み取る。

人物の「気持ち」は、「言動（セリフ、行動、表情）」または「情景描写」から読み取ります。「何となくこうかな」とか「自分ならこう思う」といった感覚的なものではなく、本文に書かれている言動や情景描写から読み取ることが大切です。《気持ち問題》も本文主義です。さて、ここでは茜が読み取った泰子おばさんの「気持ち」を問われていますから、泰子おばさんの「言動」に着目して「気持ち」を読み取りましょう。本文にこうあります。

・たんぼを荒《あ》らすカラスを見る目つきになる（5行目）

ここから「気持ち」を読み取りますが、これをそのまま〈たんぼを荒らすカラスを見るような気持ち〉としてはいけませんね。なぜでしょうか?

「たんぼを荒らすカラスを見る目つき」というのは比喩だからです。したがって、**解答のルール❷ 指示語・比喩・わかりにくい表現は言いかえる**より、比喩を使わずに「気持ち」を表さなければなりません。「たんぼを荒らすカラス」というのは迷惑な存在ですから、〈迷惑に思っている〉といった「気持ち」とすればよいでしょう。また、

・いつまでいる気だろうね（6行目）

という泰子おばさんのセリフから、〈早く出て行って欲しい〉といった「気持ち」も読み取れます。

ところで、ここでは〈迷惑に思っている〉〈早く出て行って欲しい〉という二つの「気持ち」を読み取りました。このように、「気持ち」はいつも一つとは限りません。もちろん、一つしか「気持ち」を読み取れない場合もありますが、**複数の「気持ち」を読み取れる場合は、なるべく複数の「気持ち」を解答に入れるほうがよいでしょう**。そのほうが解答として豊かなものになり、「減点されにくい解答」にもなります。ちょっとしたコツです。

手順❷ その「気持ち」になった「理由」を本文中から読み取る。

では、なぜ泰子おばさんは〈迷惑に思っている〉〈早く出て行って欲しい〉という「気持ち」を感じたのでしょうか。

・いつまでいる気だろうね。あんた、きちんと食費をもらってよね（6行目）

この部分から、〈食費も払わずにいつまでもいるから〉といった「理由」が考えられますね。

手順❸　「理由＋気持ち（結果）」の文を作り、「理由」と「気持ち（結果）」の因果関係が正しいかどうかを確かめる。

〈食費も払わずにいつまでもいるから（理由）、迷惑に思っている（気持ち）〉→因果関係ＯＫ
〈食費も払わずにいつまでもいるから（理由）、早く出て行って欲しい（気持ち）〉→因果関係ＯＫ

手順❹　「理由＋気持ち」を「わかりやすい解答」に整える。

〈食費も払わずにいつまでもいる〉のは誰かといえば「茜と母」ですから、**解答のルール❶主語・述語・目的語のわかりやすい文にする**に注意して、「茜と母」を主語にするか（解答例1）、「茜と母」を目的語として（解答例2）解答を作ります。また、【問】には「泰子おばさんの**どのような気持ち**を読み取っていますか」とありますから、解答の文末は「〜気持ち」としましょう。（**解答のルール❸文末表現に注意する**）

【解答例1】 茜と母が食費も払わずにいつまでもいることを迷惑に思い、早く出て行って欲しいという気持ち。（44字）

【解答例2】 食費も払わずにいつまでもいる茜と母を迷惑に思い、早く出て行って欲しいという気持ち。（41字）

【練習問題20／解説】《気持ち問題》では、なんとなくこんな気持ちだろうというフィーリングではなく、具体的な言動・情景描写から「気持ち」を読み取ることが大切です。そのあたりをしっかり確認してください。

手順❶　言動・情景描写から「気持ち」を読み取る。

傍線部のときの勇大の「気持ち」は、次のようなところから読み取れるのではないでしょうか。

・勇大は少しがっかりしたように（9行目）

「がっかりした」ということは何かを期待していたわけですね。それは何を期待していたかといえば、「雨が上がること」でしょう。したがって、ここでの勇大の「気持ち」としては、〈雨が上がることを期待している〉というのが考えられます。

・勇大がアパートの鉄階段のところに座って、空を見上げていた（8〜9行目）

また、わざわざ部屋の外に出て空を見上げているということから、〈ライギョつりをあきらめきれない〉といった「気持ち」もうかがえるのではないでしょうか。「雨さえ上がればライギョつりに行けるのになあ…」というような気持ちです。

手順❷ その「気持ち」になった「理由」を本文中から読み取る。

・次の日曜日は残念ながら雨が降っていた（8行目）
・「今日はだめだな。また今度な」と潤平が声をかけると、勇大は少しがっかりしたように「うん」とうなずいて、自宅にもどった（9〜10行目）

本文に直接的には書かれていませんが、右に挙げた部分から、〈雨が上がればライギョつりに行くことができると思っていたから〉といった「理由」が読み取れます。潤平が「今日はだめだな。また今度な」と言ったことに対して、勇大が少しがっかりしたようにうなずいたことからも、雨が降っているからライギョつりには行けないことを勇大が理解していたことがうかがえます。

手順❸ 「理由＋気持ち（結果）」の文を作り、「理由」と「気持ち（結果）」の因果関係が正しいかどうかを確かめる。

〈雨が上がればライギョつりに行くことができると思っていたから（理由）、雨が上がることを期待している（気持ち）〉
↓因果関係ＯＫ
〈雨が上がればライギョつりに行くことができると思っていたから（理由）、ライギョつりをあきらめきれない（気持ち）〉↓因果関係ＯＫ

手順❹ 「理由＋気持ち」を「わかりやすい解答」に整える。

これまでのことを整理してみると、次のようになります。
［理由］……雨が上がればライギョつりに行くことができると思っていたから
［気持ち］…雨が上がることを期待している／ライギョつりをあきらめきれない
これらから、次のような解答例を作ることができます。

【解答例】

雨が上がればライギョつりに行けるのにという思いから、ライギョつりをあきらめきれず、雨が上がることを期待している。（56字）

【練習問題21／解説】【練習問題20】の続きの文章からの出題です。

手順❶　言動・情景描写から「気持ち」を読み取る。

・少々鼻を高くした（13行目）

潤平の「気持ち」は、傍線部のこの「言動」から読み取れますね。「鼻が高い」とは、「誇らしく思う」とか「得意になる」といった意味の慣用表現ですから、〈自分を誇らしく思っている〉〈得意になっている〉といった「気持ち」が読み取れます。

手順❷　❶の「気持ち」を「結果」としたとき、その「気持ち」になった「理由」を本文中から読み取る。

潤平はなぜ〈自分を誇らしく思っている〉〈得意になっている〉のでしょうか。その「理由」と考えられるところを本文から探してみると、次のような部分が見つかります。いくつかあるので、**短く分けて考える**ことが大切です。

・勝野君、最近になって急に元気が出てきたというか、目のかがやきがちがってきましてね（1行目）
・それまではおとなしいというか、おどおどしているというか、自信のなさそうなところがあって、クラスメートからも軽く見られて、ばかにされているような感じだったんですよ（2～3行目）
・となりに住んでいるお兄ちゃんにライギョつりを教わったことが書かれてあった（7～8行目）
・他の男子児童たちの勝野君に対する態度も変わったような気がします（12行目）

・もしかしておれのおかげ？（13行目）

これらの部分から「理由」をまとめてみましょう。たとえば、こんな感じではいかがでしょうか。

〈勇大が元気になり、クラスメートから軽く見られなくなったのは自分がライギョつりを教えたからだと知ったから〉

手順❸　「理由＋気持ち（結果）」の文を作り、「理由」と「気持ち（結果）」の因果関係が正しいかどうかを確かめる。

〈勇大が元気になり、クラスメートから軽く見られなくなったのは自分がライギョつりを教えたからだと知ったから（理由）、自分を誇らしく思い、得意になっている（気持ち）〉→因果関係ＯＫ

手順❹　「理由＋気持ち」を「わかりやすい解答」に整える。

手順❸の段階では71字ありますから、これを上手く40字以上60字以内に整えます。たとえば〈自分がライギョつりを教えたから〉→〈自分のおかげ〉などと言いかえるのがよいでしょう。

【解答例】

勇大が元気になり、クラスメートからばかにされなくなったのは自分のおかげだと知り、自分が誇らしく、また得意にもなっている。（60字）

【練習問題22／解説】「私」の順ちゃんへの気持ちが［　　］の中で大きく変化しています。ですからこれは《気持ちの変化の問題》として考えましょう。手順を丁寧に確認しながらやります。

《気持ちの変化の問題》の解き方の手順

手順❶　「変化後の気持ち」を読み取る。
手順❷　「変化後の気持ちの理由（変化のきっかけ）」を本文中から読み取る。
手順❸　「変化前の気持ち」を読み取る。（「変化後の気持ち」の逆になっていることが多い）
手順❹　「変化前の気持ちの理由」を本文中から読み取る。
手順❺　「変化前の気持ち＋変化前の気持ちの理由＋変化後の気持ちの理由（変化のきっかけ）＋変化後の気持ち」で解答を書く。

手順❶　「変化後の気持ち」を読み取る。

《気持ちの変化の問題》では、「変化前の気持ち」と「変化後の気持ち」で、「気持ち」がどのように変化したかを説明します。手順としては、まず、私の「変化後の気持ち」を私の言動から読み取ります。すると、［　　］の中の最後で、

・でも……、同時に私には、この再会のシーンは、ショックだった。（41行目）

とありますから、ここでの私の「気持ち」は、〈驚き〉や〈落ち込んでいる〉などが考えられます。特に、ここでの「ショックだった」というのは〈驚き〉だけではなく、期待や予想に反していたという意味も含まれますから、〈落ち込んでいる〉〈がっかりしている〉といった「気持ち」も読み取りたいところです。

手順❷　「変化後の気持ちの理由（変化のきっかけ）」を本文中から読み取る。

では、なぜ私は〈驚き〉、〈落ち込んでいる〉のでしょう。その「理由」にあたる部分を本文から探すと、次のあたりが見つかります。

・「ヤス！……」
「あら、あたし、とも子よ！」私は、ぎょうてんして言った。私の耳にも、私の声が悲鳴にきこえた。（33〜34行目）
・「ヤス！」順ちゃんは、私のわきをすりぬけて、おねえさんの手をとっていた。（37行目）

これらから、「変化後の気持ちの理由（きっかけ）」は、〈順ちゃんが自分を姉と間違えた上に、自分には見向きもせずに姉の手を取ったから〉などと考えられます。
念のため、「理由＋気持ち（結果）」の文を作って因果関係も確かめておきます。
〈順ちゃんが自分を姉と間違えた上に、自分には見向きもせずに姉の手を取ったから（理由）、驚き、落ち込んでいる（気持ち）〉→因果関係ＯＫ

手順❸　「変化前の気持ち」を読み取る。（「変化後の気持ち」の逆になっていることが多い）

次に「変化前の気持ち」を読み取ります。□で囲まれた箇所の前半部分の、

・「わァ順ちゃんだ！」間髪《かんぱつ》を入れずに、私はどなった。（22行目）
・でも、私の声は、もうとまらなかった。だって、順ちゃんが、手をふったのだもの。（24行目）
・私は、もうはァはァになって、姉の手をひっぱって、税関の出口の階段の上へまわった。（29行目）

といった私の言動から、〈喜び〉〈興奮〉というような「気持ち」が読み取れます。

手順❹　「変化前の気持ちの理由」を本文中から読み取る。

では、なぜ私は〈喜び〉〈興奮〉といった「気持ち」を抱いていたのでしょうか。

・私の「理想の男性」である順ちゃんが、九年ぶりにアメリカから帰ってくることになり（まえがき部分）
・私は送迎《そうげい》所の手すりからのりだして、窓だけ明るい飛行機を、じっと立っていられない気もちで見つめていた。（18行目）

□で囲まれた箇所の以前に、私は、「理想の男性」である順ちゃんに九年ぶりに会えることが待ちきれない

状態でいました。そして、これは先ほども確認した箇所ですが、

・「わァ順ちゃんだ！」間髪《かんぱつ》を入れずに、私はどなった。（22行目）

・でも、私の声は、もうとまらなかった。だって、順ちゃんが、手をふったのだもの。（24行目）

というように、その順ちゃんに再会することができたわけです。

また、［　　］で囲まれた箇所の後の、

・私は、それまで勝手に順ちゃんを、私のプリンス・チャーミング（おとぎ話でシンデレラと結婚する王子）にきめていたんだ。順ちゃんは、眠り姫（王子のキスで目をさますおとぎ話の主人公）の私の目をさましに、日本にやってくるはずだった。（45〜47行目）

というくだりからも、私がいかに順ちゃんとの再会を楽しみにしていたかがうかがえます。

これらのことから、「変化前の気持ちの理由」は、〈「理想の男性」である順ちゃんに再会できたから〉などと考えられます。（ちなみに、「理想の男性」の部分は、「私の王子」などでもよいでしょう）

こちらも念のため、「理由＋気持ち（結果）」の文を作って因果関係も確かめておきましょう。

〈「理想の男性」である順ちゃんに再会できたから（理由）、喜び、興奮していた（気持ち）〉↓因果関係ＯＫ

手順❺　「変化前の気持ちの理由＋変化前の気持ち＋変化後の気持ちの理由（変化のきっかけ）＋変化後の気持ち」で解答を書く。

さて、これまで考えてきたことをまとめてみます。

［変化前の気持ちの理由］…「理想の男性」である順ちゃんに再会できたから
［変化前の気持ち］…………喜び、興奮
［変化後の気持ちの理由］…順ちゃんが自分を姉と間違えた上に、自分には見向きもせずに姉の手を取ったから
［変化後の気持ち］…………驚き、落ち込んでいる

あとはこれらをもとに「わかりやすい解答」を作りましょう。

【解答例】
「理想の男性」である順ちゃんに再会できた喜びで興奮していたが、順ちゃんが自分を姉と間違えた上に、自分には見向きもせずに姉の手を取ったことに驚き、落ち込んでいる。（80字）

【練習問題23／解説】《気持ちの葛藤》の問題です。相反する二つの気持ちがあることは、本文の次のような部分からわかります。

・しばしの沈黙のあと、雅之君は答えた（7行目）
・迷いはあった（8行目）

《気持ちの葛藤の問題》の解き方の手順

手順❶ 二つの相反する「気持ちA」と「気持ちB」をそれぞれ読み取る。
手順❷ 「気持ちA」の「理由A」と「気持ちB」の「理由B」をそれぞれ本文中から読み取る。
手順❸ 「理由＋気持ち（結果）」の文をA、Bそれぞれ作り、「理由」と「気持ち（結果）」の因果関係が正しいかどうかを確かめる。
手順❹ 「理由A＋気持ちA＋理由B＋気持ちB」で解答を書く。

手順❶ **二つの相反する「気持ちA」と「気持ちB」をそれぞれ読み取る。**

では、どんな気持ちの葛藤があったのでしょうか。雅之君の言動に着目して「気持ちA」「気持ちB」を読み取ります。

まず、「気持ちA」としては次のあたりでしょうか。

・母親がぶち切れた時の、半ば悲鳴のような声を雅之君は覚悟《かくご》した。バンさんに会わなくなったのも、母親のその声がきっかけだった。（3〜5行目）↓〈怒られるのではないかという不安〉

・しばしの沈黙《ちんもく》のあと、雅之君は答えた（7行目）

・迷いはあった（8行目）

↓〈本当のことを言うことへのためらい〉

一方、「気持ちB」としては次のあたりから読み取ることができます。

・親しい人ができた、安心していいよという意味で言ったのだ。（9〜10行目）

↓〈母を安心させたいという気持ち〉

このあたりをまとめると、二つの相反する気持ちとして、次のように考えられますね。

「気持ちA」…〈怒られるのではないかという不安と、本当のことを言うことへのためらい〉

「気持ちB」…〈母を安心させたいという気持ち〉

手順❷ 「気持ちA」の「理由A」と「気持ちB」の「理由B」をそれぞれ本文中から読み取る。

なぜ「気持ちA」＝〈怒られるのではないかという不安と、本当のことを言うことへのためらい〉を感じたのでしょう。その「理由A」は、本文の次のあたりから読み取れるのではないでしょうか。

・ホームレスにいい感情を持っていない人たちがいることを雅之君は知っていた（13行目）
↓〈母もホームレスにいい感情を持っていないのではないかと思ったから〉

なぜ「気持ちB」＝〈母を安心させたいという気持ち〉を感じたのかという「理由B」は、次のあたりから読み取れます。

・教室でも美術部でも、雅之君が一人浮《う》いていることを母親は常々心配し、口にした。（9行目）
↓〈親しい人のいない自分を母は心配していたから〉

手順❸　「理由＋気持ち（結果）」の文をA、Bそれぞれ作り、「理由」と「気持ち（結果）」の因果関係が正しいかどうかを確かめる。

A…〈母もホームレスにいい感情を持っていないのではないかと思ったから（理由A）、怒られるのではないかという不安と、本当のことを言うことへのためらい（気持ちA）を感じた〉↓因果関係ＯＫ

B…〈親しい人のいない自分を母は心配していたから（理由B）、母を安心させたいという気持ち（気持ちB）を感じた〉↓因果関係ＯＫ

手順❹　「理由A＋気持ちA＋理由B＋気持ちB」で解答を書く。

手順❸までに考えたことをそのまま解答としてまとめると、次のようになります。

〈母もホームレスにいい感情を持っていないのではないかと思ったから、怒られるのではないかという不安と、本当のことを言うことへのためらいを感じたが、親しい人のいない自分を母は心配していたから、母を安心させたいという気持ちを感じた〉（111字）

もちろん、これは内容としては間違いではありませんが、大幅に指定字数を超えてしまいます。したがって、**解答のルール❶ 主語・述語・目的語のわかりやすい文にする**に注意して、80字以内に上手くまとめましょう。30字以上短くしますから、大胆に言いかえる必要がありそうです。手順❸までで考えたことをなるべく活かした【解答例1】と、特に前半を大きく言いかえた【解答例2】を示してみます。参考にしてみてください。

【解答例1】

ホームレスに会っていたことを母がよく思わず、怒られるかもしれないという不安から言うのをためらったが、親しい人ができたことを伝え、心配する母を安心させたかった。（79字）

【解答例2】

母に怒られるのではないかという不安から、ホームレスのバンさんに会っていたと言うのをためらったが、親しい人ができたことを伝え、心配する母を安心させたいと思った。（79字）

❺ 総合問題

【練習問題24／問一／解説】《理由問題》です。物語文ですから、「気持ち」も入れます。《理由問題》の手順を改めて確認しながらやりましょう。

手順❶ 「○○はなぜか」「○○の理由を説明しなさい」の○○を「結果」とする。
（傍線部が「結果」になっていることが多い）

「『わたし』がこう言ったのはなぜですか」と問われていますから、〈「わたし」がこう言った〉が「結果」です。ただし、「こう」という指示語は、傍線部「無理やり連れていかれるだけなんだよ。ほんとは迷惑《めいわく》！」という言葉を指していますから、本問での「結果」とは、〈「わたし」は「無理やり連れていかれるだけなんだよ。ほんとは迷惑《めいわく》！」と言った〉だと考えます。

手順❷ 「結果」に対する「原因・理由」を本文中から読み取る。

・下級生からも変わり者扱《あつか》いされている佐藤先輩と、仲よくしていることを周りに知られるのが嫌だった。（17行目）
・わたしまで変わり者のカテゴリーに入ってしまうと思ったから。（18行目）

と本文にありますから、「原因・理由」は〈佐藤先輩と仲よくしていることを周りに知られると、自分まで変わり者のカテゴリーに入れられてしまうと思ったから〉などと考えられます。

手順❸ 「原因・理由＋結果」の文を作り、「原因・理由」と「結果」の因果関係が正しいかどうかを確かめる。

〈佐藤先輩と仲よくしていることを周りに知られると、自分まで変わり者のカテゴリーに入れられてしまうと思ったから（原因・理由）、「わたし」は「無理やり連れていかれるだけなんだよ。ほんとは迷惑《めいわく》！」と言った（結果）〉↓因果関係ＯＫ

手順❹ 物語文・随筆では、「気持ち」も入れて、「原因・理由＋気持ち」の部分を「わかりやすい解答」に整える。（文末は「〜から」）

・下級生からも変わり者扱《あつか》いされている佐藤先輩と、仲よくしていることを周りに知られるのが嫌だった。（17行目）
・わたしまで変わり者のカテゴリーに入ってしまうと思ったから。（18行目）

「気持ち」は人物の「言動（セリフ、行動、表情）」から読み取ります。よって、右の「わたし」の心の中のセリフから読み取ると、〈自分まで変わり者のカテゴリーに入れられるのが怖かった〉といった「気持ち」が読み取れます。

これまで考えたことをまとめると、

〈佐藤先輩と仲よくしていることを周りに知られて、自分まで変わり者のカテゴリーに入れられてしまうのが怖かったから。〉（55字）という解答になりますが、このままでは指定字数を超過していますから、たとえば〈変わり者のカテゴリーに入れられてしまう〉→〈変わり者扱いされる〉などと言いかえて指定字数内に収めるのがよいでしょう。

【問一／解答例】　佐藤先輩と仲よくしていることを周りに知られて、自分まで変わり者扱いされるのが怖かったから。（45字）

…………………………………………………………

【練習問題24／問二／解説】「サイテー」だと考えているところを説明する《まとめ問題》ですね。

手順❶　説明すべき部分を本文中から見つける。（具体例ではなく、具体例をまとめた部分から）

「わたし」が自分を「サイテー」だと考えているところを本文から探してみましょう。

・「わたしといるところを見られるの、嫌《いや》なんでしょ？」

ああ。

昨日の給食の時間、自分の口から飛び出た言葉を思い出す。

『無理やり連れていかれるだけなんだよ。ほんとは迷惑《めいわく》！』

あの言葉が聞こえていたなんて……。（8～12行目）

ここでは本文の言葉はそのまま使えませんが、右の内容をまとめると、〈ひどいことを言って、佐藤先輩を傷つけてしまったこと〉などが考えられるでしょう。また、本文の、

・下級生からも変わり者扱《あつか》いされている佐藤先輩と、仲よくしていることを周りに知られるのが嫌だった。（17行目）

という部分からは、〈変わり者扱いされている佐藤先輩と仲よくしていることを周りに知られたくないと思っていたこと〉、

・佐藤先輩の気持ちなんて考えていなかった。（20行目）

という部分からは、〈佐藤先輩の気持ちを考えていなかったこと〉なども、「サイテー」なことでしょう。

手順❷　❶で見つけた部分を「わかりやすい解答」としてまとめる。

以上の三点、

〈ひどいことを言って、佐藤先輩を傷つけてしまったこと〉

〈変わり者扱いされている佐藤先輩と仲よくしていることを周りに知られたくないと思っていたこと〉

〈佐藤先輩の気持ちを考えていなかったこと〉

を、**解答のルール❶ 主語・述語・目的語のわかりやすい文にする**にしたがって解答にまとめます。文末は「〜ところ」です。（**解答のルール❸ 文末表現に注意する**）

【問二／解答例】 変わり者扱いされている佐藤先輩と仲よくしていることを周りに知られたくなかったために、佐藤先輩の気持ちを考えず、ひどいことを言って傷つけてしまったところ。（76字）

…………………………………………………………

【練習問題24／問三／解説】《理由問題》です。

まずは傍線部自体を正確に読み取りましょう。

傍線部「それくらい、逃げなんて、佐藤先輩らしくない言葉だ」の中の「それ」という指示語が指している内容は何でしょうか？（**傍線部のルール❷ 傍線部内の指示語・比喩・わかりにくい表現は言いかえる**）

これは傍線部直前の、

・一瞬《いっしゅん》、聞き間違《まちが》いかと思った（32行目）

ということを表しています。ですから指示語「それ」を言いかえて傍線部を表してみると、次のようになります。

それくらい、逃げなんて、佐藤先輩らしくない言葉だ

↓

一瞬《いっしゅん》、聞き間違《まちが》いかと思ったくらい、逃げなんて、佐藤先輩らしくない言葉だ

以上のことは傍線部の正しい理解として、念のため最初に確認しておきます。

手順❶ 「〇〇はなぜか」「〇〇の理由を説明しなさい」の〇〇を「結果」とする。（傍線部が「結果」になっていることが多い）

「『わたし』がそのように（＝傍線部のように）感じたのはなぜですか」という問いですから、先ほど傍線部を詳しく言いかえた表現を使うと、〈一瞬《いっしゅん》、聞き間違《まちが》いかと思ったくらい、逃げなんて、佐藤先輩らしくない言葉だ、と「わたし」は感じた〉が「結果」になります。

手順❷ 「結果」に対する「原因・理由」を本文中から読み取る。

・わたしみたいに**周りの反応を気にしない。いつも堂々としている**。（29行目）

ズバリ、ここでしょう。主語も補いつつ（解答のルール❶主語・述語・目的語のわかりやすい文にする）、特に太字の部分をまとめると、〈佐藤先輩は周りの反応を気にせず、いつも堂々としているから〉が「原因・理由」となりそうです。

手順❸ 「原因・理由＋結果」の文を作り、「原因・理由」と「結果」の因果関係が正しいかどうかを確かめる。

〈佐藤先輩は周りの反応を気にせず、いつも堂々としているから（原因・理由）、一瞬《いっしゅん》、聞き間違《まちが》いかと思ったくらい、逃げなんて、佐藤先輩らしくない言葉だ、と「わたし」は感じた（結果）〉→因果関係ＯＫ

手順④ 物語文・随筆では、「気持ち」も入れて、「原因・理由＋気持ち」の部分を「わかりやすい解答」に整える。（文末は「〜から」）

これまでも繰り返しやってきましたが、**「気持ち」は人物の「言動（セリフ、行動、表情）」や「情景描写」から読み取ります。**ここでは次のような「わたし」の言動から。

・一瞬《いっしゅん》、聞き間違《まちが》いかと思った。

それくらい、逃げなんて、佐藤先輩らしくない言葉だ。（32〜33行目）

・立て続けにそんな言葉をこぼす佐藤先輩は、わたしが知っている佐藤先輩じゃないみたいだ。（38行目）

ここからは〈意外だ〉といった「気持ち」がぴったりくるのではないでしょうか。

よって、〈佐藤先輩は周りの反応を気にせず、いつも堂々としているから〉＋〈意外だ〉を、**解答のルール❶主語・述語・目的語のわかりやすい文にする**に注意して解答として整えます。

【問三／解答例】
周りの反応を気にせず、いつも堂々としている佐藤先輩にしては意外だったから。（37字）

【練習問題25／問一／解説】《理由問題》です。

手順❶ 「〇〇はなぜか」「〇〇の理由を説明しなさい」の〇〇を「結果」とする。（傍線部が「結果」になっていることが多い）

設問の〇〇の部分にあたる〈茉莉は踵《きびす》を返そうと思った〉が「結果」になります。ちなみに「踵を返す」とは「後戻りをする」「引き返す」という意味です。

手順❷ 「結果」に対する「原因・理由」を本文中から読み取る。

・久保山《くぼやま》（横浜市の地名、墓地がある）のほうから坂を降りてきた男が、うずくまる女の横で塀に背もたれて動かない男の懐《ふところ》に手を入れて、財布《さいふ》を抜《ぬ》き取った。茉莉が見ていることに気づくと、**茉莉にむかってにやっとわらい**、別の人のそばに行って、またその懐に手を突《つ》っこんだ。（4～6行目）

茉莉が引き返そうと思った「原因・理由」になりそうなことは、右の太字部分より、〈死体から財布を盗む男にわらいかけられたから〉が考えられますが、それだけでは何かしっくりいきません。傍線部中の「踵を返し」「家のあった場所に駆け戻った」という茉莉の行動から読み取ると、〈怖かったから〉というのが「原因・理由」として浮かび上がってきます。よって、〈死体から財布を盗む男にわらいかけられて怖くなったから〉という「原因・理由」が読み取れそうです。

手順❸　「原因・理由＋結果」の文を作り、「原因・理由」と「結果」の因果関係が正しいかどうかを確かめる。

〈死体から財布を盗む男にわらいかけられて怖くなったから（原因・理由）、茉莉は踵《きびす》を返そうと思った（結果）〉↓因果関係ＯＫ

ちなみに、最初に考えた、〈死体から財布を盗む男にわらいかけられたから〉のみを「原因・理由」とした場合、〈死体から財布を盗む男にわらいかけられたから（原因・理由）、茉莉は踵《きびす》を返そうと思った（結果）〉

となり、やはり因果関係が弱いように感じます。〈男が茉莉にむかってにやっとわらった〉↓〈怖くなった〉↓〈踵を返そうと思った（結果）〉という流れがありますから、〈怖くなった〉は「原因・理由」の中に入れるべきだとわかります。

手順❹′　物語文・随筆では、「気持ち」も入れて、「原因・理由＋気持ち」の部分を「わかりやすい解答」に整える。（文末は「〜から」）

すでに〈怖くなった〉という「気持ち」が入っていますから、今回は、手順❷で考えた「原因・理由」をそのまま解答としてよいでしょう。

【問一／解答例】 死体から財布を盗む男にわらいかけられて怖くなったから。（27字）

【練習問題25／問二／解説】《理由問題》です。

手順❶ 「○○はなぜか」「○○の理由を説明しなさい」の○○を「結果」とする。（傍線部が「結果」になっていることが多い）

〈勝士は茉莉にわらって見せた〉が「結果」になります。

手順❷ 「結果」に対する「原因・理由」を本文中から読み取る。

・「茉莉ちゃんだけ？」
勝士に訊《き》かれ、茉莉はおずおずと頷いた。清三はすすと血に汚《よご》れた手で顔を覆《おお》った。（111〜112行目）

この部分から、勝士は、茉莉の家族全員（両親と弟）が亡くなったことを知ったのでしょう。清三が手で顔を覆ったのは、自分の両親や茉莉の家族が亡くなったことを知った衝撃と悲しみからです。それをふまえて、

・けれども勝士は茉莉にわらって見せた（114行目）

という一文を見ると、「茉莉にわらって見せた」という勝士の行動には、〈励ましたい〉〈元気づけたい〉という「気持ち」が表れています。また、「けれども」というのは、「そうした辛い状況だけれども」という意味でしょう。よってこれ

らのことから「原因・理由」を考えると、〈家族全員を亡くして辛い状況にいる茉莉を励まし、元気づけようと思ったから〉などと読み取れるのではないでしょうか。自分の両親も亡くなったことを悟りながら、一緒に悲しみに沈んでしまうのではなく、茉莉を元気づけようとする勝士の優しさと強さが感じられます。

手順❸　「原因・理由＋結果」の文を作り、「原因・理由」と「結果」の因果関係が正しいかどうかを確かめる。

〈家族全員を亡くして辛い状況にいる茉莉を励まし、元気づけようと思ったから（原因・理由）、勝士は茉莉にわらって見せた（結果）〉→因果関係ＯＫ

手順❹　物語文・随筆では、「気持ち」も入れて、「原因・理由＋気持ち」の部分を「わかりやすい解答」に整える。（文末は「〜から」）

〈茉莉を励まし、元気づけようと思った〉という「気持ち」はすでに入っていますから、手順❷で考えた「原因・理由」をそのまま解答とすればよいでしょう。

【問二／解答例】 家族全員を亡くして辛い状況にいる茉莉を励まし、元気づけようと思ったから。（36字）

【練習問題25／問三／解説】 やや発展的な《言いかえ問題》です。

手順❶ 傍線部をいくつかの部分に分ける。

〈これまでずっと正しいと信じていたこと。／それが／揺《ゆ》らぎはじめていた〉

手順❷ それぞれの部分を、別のわかりやすい言葉で言いかえる。

〈これまでずっと正しいと信じていたこと〉＝（それ）ですから、傍線部は、〈これまでずっと正しいと信じてきたことが／揺らぎはじめていた〉と考えることができます。

ではまず、〈これまでずっと正しいと信じてきたこと〉とは何でしょうか。これは本文に、

・盗むのはいけないこと（149行目）

とありますから、〈これまでずっと正しいと信じてきたこと〉＝〈盗むのはいけないということ〉でよいのでしょう。

次に、〈揺らぎはじめていた〉ですが、ここでの「揺らぐ」というのは、「信念などの基盤がぐらつくこと」。つまり、「自分の信じていたこと（＝盗むのはいけないということ）が正しいのかどうかわからなくなる」といった意味でしょう。

（**傍線部のルール❷ 傍線部内の指示語・比喩・わかりにくい表現は言いかえる**）

ではここで、〈自分の信じていたこと（＝盗むのはいけないということ）が正しいのかどうかわからなくなる〉とは、どういうことかを考えてみます。本文を見てみると、次のあたりからわかりそうです。

・盗むのはいけないこと。そんなことはわかっていた。それなら、盗まないで、飢えて死んでしまうのはいいことなのだろうか。（149〜150行目）
・茉莉にはわからなくなった。（151行目）

つまり、〈盗むのはいけないことだと信じていたが、では盗まないで、飢えて死んでしまう方がいいのかと考えると、どちらが正しいのかわからなくなった〉ということです。

さて、傍線部を簡潔に言いかえるだけならばこれでOKですが、本問では「ここまでの内容をふまえて120字以上140字以内で説明しなさい」とありますから、「ここまでの内容」を解答に盛り込まなければなりません。しかし、いったい何についての「これまでの内容」を盛り込めばよいのでしょう。

結論から言うと、傍線部についての「これまでの内容」を盛り込みます。つまりこの場合、これまでずっと信じていたことが揺らぎはじめるに至った「状況・経緯」を入れればよいでしょう。それは次のあたりからわかります。

・人の弁当を見て、食べられることを喜んだ自分だって、清三と同じ、泥棒だった。（142行目）
・死体の懐に手を入れたおじさん、じゃがいもを取ったおじさん、キャラメルを奪ったおばさん、青いお空の布団を盗んだ近所の人。あんなに憎《にく》いと思ったのに、自分だって同じだった。（143〜144行目）

ここから、〈人の弁当を見て、食べられることを喜んだ自分も、死体の懐に手を入れたおじさん、じゃがいもを取ったおじさん、キャラメルを奪ったおばさん、青いお空の布団を盗んだ近所の人たちと同じ泥棒だと感じた〉といった「これまでの内容」＝「状況・経緯」が読み取れます。

手順❸ **❷でできた文を「わかりやすい解答」に整える。**

さて、解答の準備ができましたから、これまでに考えたことをまとめてみましょう。

［傍線部の言いかえ］
〈盗むのはいけないことだと信じていたが、では盗まないで、飢えて死んでしまう方がいいのかと考えると、どちらが正しいのかわからなくなった〉（65字）

［これまでの内容＝状況・経緯］
〈人の弁当を見て、食べられることを喜んだ自分も、死体の懐に手を入れたおじさん、じゃがいもを取ったおじさん、キャラメルを奪ったおばさん、青いお空の布団を盗んだ近所の人たちと同じ泥棒だと感じた〉（93字）

あとは、**解答のルール❶主語・述語・目的語のわかりやすい文にする**に注意して、「わかりやすい解答」にします。文末は「～こと」ですね（**解答のルール❸文末表現に注意する**）。

【問三／解答例】

盗むのはいけないことだと信じてきた茉莉は、人の弁当を食べられると喜んだ自分も、死体から財布を盗んだ人や、じゃがいも、キャラメル、布団を自分から奪った近所の人たちと同じ泥棒だと感じた。しかし、盗まずに飢え死にする方がいいのかと考えると、どちらが正しいのかわからなくなったということ。（140字）

【練習問題25／問四／解説】 一種の《気持ちの葛藤の問題》です。

手順❶ 二つの相反する「気持ちA」と「気持ちB」をそれぞれ読み取る。

祖母の言動から「気持ち」を読み取ります。まず、傍線部の祖母のセリフ。

・ひとりでいいから、行っておいで（163行目）

ここからは二つの相反する祖母の「気持ち」が読み取れそうです。

「気持ちA」…〈自分は死んでもいいと思っている〉
「気持ちB」…〈茉莉には生き延びて欲しいと思っている〉

「気持ちA」＝〈自分は死んでもいいと思っている〉という「気持ち」については、次のような祖母の言動（特に太字部分）からも読み取れます。

・ある夜、警戒警報《けいかいけいほう》発令のサイレンが鳴ったが、**祖母は起きなかった**。やがて空襲警報が出たが、**祖母は布団の上に起きあがっただけで、動こうとしない**。（157～158行目）
・**早く娘のところに行きたいとばかり願い**（161行目）
・「おばあちゃんは逃げないの？」
茉莉の問いに**祖母は一瞬《いっしゅん》口ごもったが、言った**。

「あんたひとりのほうが、早く走れるだろう」（164～166行目）

これらの言動から、〈空襲で死のうと思っている〉とも言えるかもしれません。

「気持ちＢ」＝〈茉莉には生き延びて欲しいと思っている〉という「気持ち」については、傍線部のほかに、次の祖母の言動からも読み取れます。

・祖母は茉莉の頭に防空頭巾《ずきん》をかぶせ、町内の防空壕を教えた。（162行目）

ちなみにここで、祖母は二つの「気持ち」の間で思い悩んでいるわけではありませんから、厳密に言えば「気持ちの葛藤」ではありませんが、二つの反対の「気持ち」が同居している場合には《気持ちの葛藤の問題》として考え、その手順で解いていくのがよいでしょう。

手順❷ 「気持ちA」の「理由A」と「気持ちB」の「理由B」をそれぞれ本文中から読み取る。

「気持ちＡ」＝〈自分は死んでもいいと思っている〉に対する「理由Ａ」について。

・茉莉の祖母は、娘《むすめ》一家が茉莉だけを残して死んでしまったことに胸を痛め、茉莉が運んできたお骨の入った白い包みをぼんやり眺めながら一日を過ごすようになった。（155～156行目）

ここから読み取れる「理由Ａ」は、〈祖母は娘の死に胸を痛め、生きる気力を失っていたから〉と考えられます。

「気持ちＢ」＝〈茉莉には生き延びて欲しいと思っている〉に対する「理由Ｂ」について。

・茉莉が祖母の肩《かた》をたたいてせかすと、初めて茉莉がいることに気づいたかのように、茉莉を見た。
「そうだ、茉莉。あんたがいたね」（158～160行目）

ここからは、〈茉莉がいることに気づいたから〉が「理由B」として読み取れます。

手順❸　「理由＋気持ち（結果）」の文をA、Bそれぞれ作り、「理由」と「気持ち（結果）」の因果関係が正しいかどうかを確かめる。

A…〈祖母は娘の死に胸を痛め、生きる気力を失っていたから（理由）、自分は死んでもいいと思っている（気持ち）〉
↓因果関係OK
B…〈茉莉がいることに気づいたから（理由）、茉莉には生き延びて欲しいと思っている（気持ち）〉
↓因果関係OK

手順❹　「理由A＋気持ちA＋理由B＋気持ちB」で解答を書く。

手順❸まで考えたA、B二つの「理由＋気持ち」をそのままつなぎ合わせると、指定字数の50字以内を大きく超えますから、省略するところは省略して、うまく解答としてまとめましょう。

【問四／解答例】　娘の死に胸を痛め、自分は死んでもいいと思っていたが、茉莉に気づき、茉莉には生きて欲しいと思っている。（50字）

【練習問題25／問五／解説】最後は《気持ちの変化》の問題です。

X 茉莉は声を上げることもできなかった。（30〜31行目）を「変化前」、

Y こんなに大声を出したことはなかった。（196行目）を「変化後」と考えます。

手順❶ 「変化後の気持ち」を読み取る。

Y こんなに大声を出したことはなかった。（196行目）という点線Yのときの茉莉の言動（セリフ、行動、表情）に着目します。

・そっちには行きたくない。（186行目）
・わたしは死ぬわけにはいかない。（188行目）
・わたしは生きのびなくてはいけない。（190行目）

これらの茉莉の言動から、〈生きのびようと決意している〉という「気持ち」が読み取れます。そしてそれは、

・「わたし、町内の子です」
茉莉は怒鳴《どな》った。
「五十嵐《いがらし》茉莉です。中川《なかがわ》のおばあちゃんのところに引っ越《こ》してきたんです。入れてください」（193〜195行目）

という力強い行動にも表れています。

手順❷　「変化後の気持ちの理由（変化のきっかけ）」を本文中から読み取る。

なぜ茉莉は〈生き延びようと決意している〉のでしょう。

・朝比奈のおばあちゃまにもおじいちゃま（朝比奈の父を茉莉はこう呼んでいた）にも、あんなにかわいがられたわたし。（188〜189行目）

直接的に「理由」が読み取れそうなところはここでしょう。茉莉は、かつて自分をかわいがってくれた人たちのためにも生きのびようと強く思ったのです。よって「理由」としては、〈かつて自分をかわいがってくれた人たちの思いに応えなければならないと思ったから〉などが考えられます。

念のため、「理由＋気持ち（結果）」の文を作って因果関係を確認しておきましょう。

〈かつて自分をかわいがってくれた人たちの思いに応えなければならないと思ったから（理由）、生きのびようと決意している（気持ち）〉→因果関係ＯＫ

手順❸　「変化前の気持ち」を読み取る。（「変化後の気持ち」の逆になっていることが多い）

X茉莉は声を上げることもできなかった。（30〜31行目）という点線Xのときの茉莉の言動に着目します。

自分のじゃがいもを取られているにもかかわらず、どうすればよいかわからず、声を上げることもできないわけですから、〈戸惑っている〉という「気持ち」がふさわしいでしょう。

手順❹ 「変化前の気持ちの理由」を本文中から読み取る。

なぜ茉莉は〈戸惑っている〉のでしょう。本文にこうあります。

・まだ鍋にはじゃがいもが残っていた。茉莉はそれを求める手段を知らなかった。これまで、求めなくても、いつも与《あた》えられてきた茉莉だった。（32～33行目）

本文の言葉を使うと、〈これまでは求めなくてもいつも与えられてきたから〉などとなりますが、ややわかりづらいので、〈これまでは与えられることに慣れていたから〉などと言いかえて「理由」とします。（解答のルール❷ 指示語・比喩・わかりにくい表現は言いかえる）

ここでも念のため、「理由＋気持ち（結果）」の文を作って因果関係を確認しておきましょう。

〈これまでは与えられることに慣れていたから（理由）、戸惑っている（気持ち）〉→因果関係ＯＫ

手順❺ 「変化前の気持ちの理由＋変化前の気持ち＋変化後の気持ちの理由（変化のきっかけ）＋変化後の気持ち」で解答を書く。

これまでに読み取ってきたことをまとめてみます。

［変化前の気持ちの理由］…これまでは与えられることに慣れていたから
［変化前の気持ち］…………戸惑っている
［変化後の気持ちの理由］…かつて自分をかわいがってくれた人たちの思いに応えなければならないと思ったから
［変化後の気持ち］…………生き延びようと決意している

これらをもとに、**解答のルール❶主語・述語・目的語のわかりやすい文にする**に注意して、解答を作ります。

【問五／解答例】

Xでの茉莉は、これまで与えられることに慣れていたため、状況に戸惑うばかりだったが、Yでは、かつて自分をかわいがってくれた人たちの思いに応えるためにも、生き延びようと決意している。（89字）

付録　ルールとパターンのまとめ

■解答のルール（＝わかりやすい解答にするためのルール）

❶主語・述語・目的語のわかりやすい文にする。
❷指示語・比喩・わかりにくい表現は言いかえる。
❸文末表現に注意する。

■傍線部のルール（＝傍線部を理解するためのルール）

❶傍線部はいくつかの部分に分けて考える。
❷傍線部内の指示語・比喩・わかりにくい表現は言いかえる。
❸傍線部内の言葉と同じ言葉（似た言葉）に注目する。
❹傍線部内に省略された主語・述語・目的語を補う。

■記述問題のパターン

1　言いかえ問題…傍線部の言葉を別の言葉でわかりやすく説明する問題

手順❶　傍線部をいくつかの部分に分ける。

手順❷　それぞれの部分を、別のわかりやすい言葉で言いかえる。
手順❸　❷でできた文を「わかりやすい解答」に整える。

2　理由問題…ものごとの因果関係を説明する問題

手順❶　「○○はなぜか」「○○の理由を説明しなさい」の○○を「結果」とする。
（傍線部が「結果」になっていることが多い）
手順❷　「結果」に対する「原因・理由」を本文中から読み取る。
手順❸　「原因・理由＋結果」の文を作り、「原因・理由」と「結果」の因果関係が正しいかどうかを確かめる。
手順❹　「原因・理由」の部分を「わかりやすい解答」に整える。（文末は「〜から」）

〜〜〜

手順❹´　物語文・随筆では、「気持ち」も入れて、「原因・理由＋気持ち」の部分を「わかりやすい解答」に整える。
（文末は「〜から」）

3　まとめ問題…ものごとの違いや共通点、またはその内容をまとめる問題

手順❶　説明すべき部分を本文中から見つける。（具体例ではなく、具体例をまとめた部分から）
手順❷　❶で見つけた部分を「わかりやすい解答」としてまとめる。

4 気持ち問題…人物の気持ちやその変化を説明する問題

手順❶ 言動・情景描写から「気持ち」を読み取る。
手順❷ その「気持ち」になった「理由」を本文中から読み取る。
手順❸ 「理由＋気持ち（結果）」の文を作り、「理由」と「気持ち（結果）」の因果関係が正しいかどうかを確かめる。
手順❹ 「理由＋気持ち」を「わかりやすい解答」に整える。

気持ちの変化の問題

手順❶ 「変化後の気持ち」を読み取る。
手順❷ 「変化後の気持ちの理由（変化のきっかけ）」を本文中から読み取る。
手順❸ 「変化前の気持ち」を読み取る。（「変化後の気持ち」の逆になっていることが多い）
手順❹ 「変化前の気持ちの理由」を本文中から読み取る。
手順❺ 「変化前の気持ちの理由＋変化前の気持ち＋変化後の気持ちの理由（変化のきっかけ）＋変化後の気持ち」で解答を書く。

気持ちの葛藤の問題

手順❶ 二つの相反する「気持ちA」と「気持ちB」をそれぞれ読み取る。
手順❷ 「気持ちA」の「理由A」と「気持ちB」の「理由B」をそれぞれ本文中から読み取る。
手順❸ 「理由＋気持ち（結果）」の文をA、Bそれぞれ作り、「理由」と「気持ち（結果）」の因果関係が正しいかどうかを確かめる。
手順❹ 「理由A＋気持ちA＋理由B＋気持ちB」で解答を書く。

◆著者プロフィール◆

若杉朋哉（わかすぎともや）

1975年、東京都生まれ。
埼玉県立浦和高等学校、慶應義塾大学文学部哲学科卒。
記述問題対策に特化した中学受験国語専門塾「若杉国語塾」代表。
趣味は俳句。

中学受験国語
記述問題の徹底攻略
基礎演習編

2020年9月20日　初版第1刷発行

著　者　若杉朋哉
編集人　清水智則　発行所　エール出版社
〒101-0052　東京都千代田区神田小川町2-12　信愛ビル4F
電話　03(3291)0306　　FAX　03(3291)0310
メール　edit@yell-books.com

＊乱丁・落丁本はおとりかえします。

＊定価はカバーに表示してあります。

ISBN978-4-7539-3485-0

灘中・開成中・筑駒中
受験生が必ず解いておくべき 算数 101 問

入試算数最高峰レベルの問題を解く前に、
これだけは押さえておきたい問題を厳選。

発売忽ち増刷!!!

第 1 部：101 問の前に　基本の確認 35 問

和と差に関する文章題／比と割合に関する文章題／数と規則性／平面図形／立体図形／速さ／場合の数

第 2 部：灘中・開成中・筑駒中受験生が必ず解いておくべき 101 問

数の性質／規則性／和と差に関する文章題／比と割合に関する文章題／平面図形／立体図形／速さ／図形の移動／水問題／場合の数

ISBN978-4-7539-3420-1

灘中・開成中受験生ならできてあたり前
算数の基礎 121 テーマ

No.1 比と割合の基礎概念／ No.2 比と割合の文章題／ No.3 歩合百分率／ No.4 平面図形の性質／ No.5 平面図形の求積／ No.6 相似／ No.7 面積比／ No.8 食塩水と濃度／ No.9 商売／ No.10 約数 ／ No.11 倍数／ No.12 規則性 ／ No.13 和差に関する文章題 ／ No.14 速さの基本計算／ No.15 速さと比／ No.16 通過算／ No.17 流水算／ No.18 時計算／ No.19 グラフの読み書き／ No.20 仕事算・ニュートン算／ No.21 曲線図形の求積／ No22. 立方体の展開図と柱体の求積／ No.23 すい体・すい台の求積／ No.24 回転体切断オイラー／ No.25 場合の数／ No.26 水問題／ No27 図形の移動①／ No.28 図形の移動②／ No.29 図形の移動③

ISBN978-4-7539-3436-2

算数ソムリエ・著

◎本体各 1500 円（税別）

ISBN978-4-7539-3449-2

ISBN978-4-7539-3476-8

中学受験国語

文章読解の鉄則

受験国語の**「文章読解メソッド」**を完全網羅！

難関中学の合格を勝ち取るには、国語こそ**「正しい戦略」**が不可欠です

本書が、貴方の国語の学習法を劇的に変える**「究極の一冊」**となることをお約束します

第１章　中学受験の国語の現状

とりあえず読書をしていれば国語の点数は上がるの？／入試によく出る作家（頻出作家）の本は事前に読んでおくと有利なの？／国語も一度解いた問題の「解き直し」はしたほうがいいの？／国語の勉強時間ってどのくらい必要なの？／文章読解の「解き方」なるものは、果たして存在するのか？

第２章　「読み方」の鉄則

第３章　「解き方」の鉄則

第４章　「鉄則」で難関校の入試問題を解く

第５章　中学受験　知らないと差がつく重要語句

ISBN978-4-7539-3323-5

井上秀和・著

◎本体 1600 円（税別）